KB270196

_______________ 님께

_______________ 드림

적을 만들지 않는 인간관계의 비밀

적을 만들지 않는 인간관계의 비밀

적을 만들지 않는 인간관계의 비밀

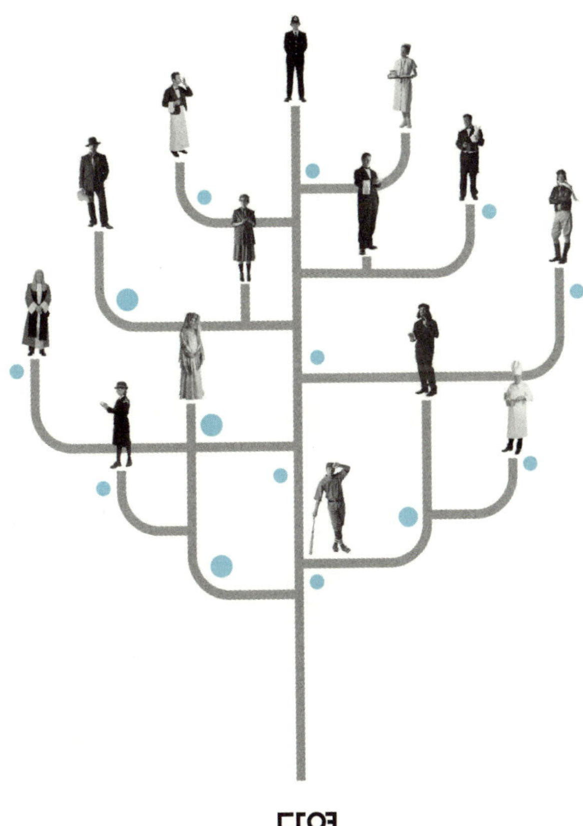

이 책이 독자에게 큰 도움이 되기를 바란다.

1분 동안 상대방에게 깊은 인상 남기기

3분 동안 나의 인맥력 측정하기

5분 속성 열람으로 나의 귀인 찾아내기

지금 3분 동안 당신의 인맥력을 측정해보라.

◎ 낯선 사람을 만나면 부끄러워 먼저 말을 건네지 못하는 편
  인가?
◎ 상대방의 명함을 받으면 아무 데나 놓고, 심지어 놓아둔
  곳을 기억하지 못할 때가 많은가?
◎ 예전에 한 번 만난 적이 있는 사람을 기억하지 못하는 경
  우가 많은가?
◎ 사람들과 폭넓은 교류를 하지만 그저 얼굴만 익히는 정도
  일 뿐 귀인은커녕 친구조차 되지 못하는 경우가 많은가?

위의 사항에 해당된다면 당신은 당신의 인맥 재산을 다시 한
번 검토하고 대책을 마련해야 한다.

인간관계술의 최고 경지는
은밀하게 인맥을 활용하는 것이다

여러 해 동안 기자생활을 하면서 수많은 홍보 전문가를 만났다. 그중 루비는 나의 비즈니스 명단에서 삭제되기는커녕 오히려 친한 친구 명단으로 옮겨온 몇 안 되는 홍보 전문가 중 한 명이다.

루비는 자신의 이익을 앞세우기보다는 항상 솔직하고 열정적으로 사람을 대했다. 고객 업무로 인한 스트레스가 심할 때도 불평 한마디 내뱉은 적이 없다. 이러한 처세 덕분에 그녀는 언론사와 돈독한 관계를 유지하면서 승승장구할 수 있었다.

내가 언론계를 떠나 사업가로 변신하여 더 이상 언론 종사자로서 도움을 줄 수 없었을 때도 그녀는 변함없이 나를 대했다. 나를 외면하기는커녕 오히려 전보다 더 자주 만나며 친분을 쌓았다. 나는 이 책을 읽으면서 루비의 태도가 인맥을 공고히 하는 하나의 전략이라는 사실을 깨달았다! 나 자신도 모르게 루비의 인맥 쌓기 전략에 넘어간 것이다.

나는 이 책을 읽는 독자들이 행운아라고 생각한다. 루비의 인맥 쌓기 전략을 전수받아 성공하게 될 것이니까 말이다. 인맥이 매우 중요하다는 것은 우리 모두 잘 알고 있다. 하지만 정작 인맥을 적절히 활용하는 사람은 그리 많지 않다. 이 책은 그러한 사람들에게 인맥 활용법을 상세하게 설명한 실전 참고서라고 할 수 있다.

천이증권 부총재 **장리펀**

평소 꾸준한 인맥관리로
인생의 귀인을 만들어라

모든 일이 순조롭게 풀릴 때 나를 도와주는 사람을 '좋은 친구'라고 부른다. 인생의 난관에 부딪혔을 때 흔쾌히 도움의 손길을 내밀어주는 사람을 '귀인'이라고 부른다.

인생을 살아가면서 우리는 여러 차례 삶의 침체기를 겪는다. 눈앞이 캄캄하고 절망스럽기까지 한 이 시기에 가장 필요한 존재는 바로 '귀인'이다.

그렇다면 귀인은 도대체 어디에 있는 걸까?

사실, 귀인은 평소에 맺어놓은 인맥 속에 있다. 평소 주위 사람들을 존중하고 진심을 다해 인맥을 쌓는다면, 당신이 난관에 부딪혔을 때 귀인이 도와줄 것이다. 나는 20여 년 동안 사회생활을 하며 부침(浮沈)을 겪고 나서야 이러한 이치를 깨달았다.

　루비가 '인맥관리의 기술'에 관한 책을 출간하게 되어 참으로 기쁘다. 이 책은 어떻게 인맥을 쌓고 관리해야 하는지를 체계화하여 이해하기 쉽게 설명해놓았다. 이제 막 사회생활을 시작하는 젊은이들에게 큰 깨달음을 주리라 믿어 의심치 않는다.

호간 베이커리 사장 **황밍청**

다섯 살 때
염량세태(炎凉世態)를 경험하다

인맥이 좋으면 주위 사람들에게서 공주 혹은 왕자 대우를 받지만 인맥이 없으면 보잘것없는 평범한 소녀 또는 소년으로 전락한다.

나는 이 세상의 95퍼센트를 차지하는 보통 사람들처럼 지극히 평범한 가정에서 태어나 자랐다. 내로라하는 위풍당당한 가문 출신도 아니었고, 지속적으로 부를 누리지도 못했다. 남들을 깜짝 놀라게 할 만큼 학력이 화려하지도 않다. 이런 내가 인생에서 성공하려면 도대체 뭘 어떻게 해야 했을까?

능력도 배경도 없을 때 내가 의지할 수 있는 유일한 방법은 나를 발탁하여 능력을 키워줄 귀인을 만나는 것뿐이었다. 사람들은 대개 귀인을 만나려면 엄청난 행운이 필요하다고 여긴다.

하지만 실상은 다르다. 귀인은 저절로 나를 찾아와주지 않는다. 내가 직접 나를 도와줄 귀인을 찾아내야 한다.

나는 아주 어린 시절부터 일찌감치 인맥의 중요성을 뼈저리게 느꼈다. 1970년대 우리 아버지는 타이완 북부 지역에서 손꼽히는 자동차 대리상이었다. 월마다 수천만 위안의 돈이 오가는 큰 사업을 꾸려나갔던 아버지가 성공을 거두자 우리 집은 이내 상당한 위세를 떨치게 되었다. 당시 단수이[淡水]의 작은 마을에서 자란 나는 아버지 덕분에 마을 사람들의 사랑을 한 몸에 받았다. 사람들은 아버지의 환심을 사려고 나를 공주님처럼 대접해주었다. 하지만 누가 알았으랴! 하루아침에 아버지의 사업이 망하면서 그러한 총애는 물거품처럼 사라졌다. 나는 공주에서 평범한 소녀로 추락했다. 지금도 온 마을 사람들에게 공주처럼 떠받들어졌던 그 시절을 잊을 수 없다.

어린 시절의 경험으로 나는 일찌감치 돈과 권력을 좇는 세태의 무상함을 알았다. 다른 사람의 도움을 얻으려면 먼저 나에게 능력이나 돈이나 지위가 있어야 한다는 사실도 깨달았다. 우리가 살아가는 세상이 본래 이처럼 냉혹하다. 다른 사람의 도움을 얻으려면 반드시 그에 합당한 이득을 제공해야 하고, 무언가를 얻고 싶으면 먼저 기본적인 능력부터 갖춰야 한다.

이 때문에 인맥을 논하기 전에 먼저 실력부터 쌓는 것이 중요하다. 돈이든 직장이든 일단 목표를 세우고 그것을 이루기 위해 필사적으로 노력해야 한다. 가령, 돈을 벌고 싶으면 단기간에 돈을 벌 만한 방법을 연구해야 하고, 좋은 직장을 꿈꾼다면 그 직장에서 필요로 하는 기본적인 조건을 갖춰야 한다. 이렇듯 기본적인 능력을 갖춰놓지 않으면 설령 귀인이 찾아올지라도 아무런 소용이 없다.

인맥은 저축과 같다. 얻고 싶은 만큼 저축하라

인맥을 쌓는 것은 은행에 저축을 하는 것과 같다. 이자가 불어나기를 원한다면 먼저 종잣돈부터 저금해야 한다. 자신만의 개성, 재능, 조건이 바로 종잣돈이다. 종잣돈이 많을수록 벌어들일 수 있는 이자도 많아진다. 이것이 바로 인맥을 찾기 전에 먼저 갖춰야 할 기본 개념이다.

하지만 반드시 목돈이 있어야 저축할 수 있는 것은 아니다. 적은 돈으로도 은행에 계좌를 만들 수 있고, 목돈으로 키워낼 수 있다. 인맥도 마찬가지다. 작은 능력일지라도 먼저 인간관계망을 만들어서 활발하게 교류하면 점차 교류 범위를 넓힐 수 있다. 이것이 바로 인맥 이자를 키워내는 방법이다.

그렇다면 인맥이라는 저축은 어떻게 해야 하는가? 어떻게 인맥의 은행 계좌를 만들고, 저금하고, 이자를 불려, 결국 좋은 인맥의 목돈을 만들 수 있을까? 이 책의 가르침을 따른다면 자신의 한정된 자원과 능력만으로도 최대한의 인맥을 활용하여 무한한 미래를 개척할 수 있다.

인맥 덕분에 나는 1년에 500만 위안을 벌었다

인맥을 쌓고 친분관계를 유지하면 어떤 혜택을 누릴 수 있을까? 내가 친분을 쌓은 사람의 숫자만큼 실질적인 수익으로 전환할 수 있을까? 그에 대한 대답은 다양하다. 가령, 인맥이 있으면 좋은 직장을 쉽게 찾을 수 있고, 난관에 부딪혔을 때 도움을 받을 수 있고, 심지어 이성 친구도 소개받을 수 있다. 하지만 문제는, 남의 도움이 절실할 때 당신의 인맥이 제대로 된 효과를 발휘할 수 있느냐다.

나는 전문 홍보대행업에 종사하고 있다. 이 직종은 일반 광고업과는 달리 고객의 기업에 맞는 뉴스 소스를 만들어 언론을 통해 선전함으로써 기업 이미지나 지명도를 구축하는 것이다. 이 업무는 서비스와 아이디어와 기획을 제공하는 것이므로 공장에서 생산하는 제품처럼 실질적인 형체가 없다. 눈으로 볼 수도 손으로 만질 수도 없는 것이기에 홍보 효과가 나오기 전까지는 고객에게 그 실력을 증명해 보일 방법이 없다.

그래서 내가 홍보 회사를 나와 창업했을 때, 이러한 무형의 서비스 업무 특성 때문에 많은 어려움이 있었다.

전에 일하던 회사 사장과의 의리를 지키기 위해 당시 나는 한 가지 원칙을 세웠다. 눈앞의 이익을 위해 예전 회사의 고객을 끌어오거나, 업무 분야가 겹쳐서 서로 감정을 상하는 일은 절대 만들지 않겠다는 것이었다. 그래서 나는 과거에 도맡다시피 했던 명품 홍보에서 완전히 손을 떼고 새로운 분야를 개척해야 했다. 10여 년 동안 쌓은 경험과 노하우를 모두 버리고 그야말로 밑바닥 상태에서 다시 시작해야 했던 것이다.

당시 나는 친구의 지인 소개로 어느 회사의 홍보 일을 맡게 되었다. 수십 장의 기획안과 예전에 내가 주관했던 업무 성과표를 들고 회사 사장을 찾아갔지만 사기꾼 취급만 받고 돌아왔다. 구체적인 결과물을 보여주지 못했기에 그가 나를 사기꾼으로 오해한 것이다. 그 후 갖은 설득 끝에 나는 언론사를 동원하여 그 회사의 탐방 취재를 성사시켰다. 모든 일이 순조롭게 잘 진행되었지만 그는 마지막 대금을 지불하는 순간까지도 나를 믿지 못하고 망설였다.

그때의 경험을 통해 나는 사회적으로 신뢰받는 사람의 인맥이 필요하다는 사실을 절실히 깨달았다. 그래서 알고 지내던 홍보 회사의 지인에게 나의 고충을 토로하며 도움을 요청했다. 그는 군말 없이 나에게 회사를 운영하는 친구들을 소개해 주었다. 당시 지인은 나의 손을 잡고서 친구들에게 이렇게 소개했다.

"이 친구는 내 여동생이나 다름없어. 이번에 홍보 회사를 창업했는데, 자네들이 좀 도와주게."

지인의 말 한마디에 그 친구들은 나를 믿고 일을 맡겼다. 뚜렷한 결과물을 당장 보여주지 않는다고 해서 나를 의심하는 이도 없었다. 순전히 지인이 소개해준 사람들만으로 나는 300만 위안의 수익을 달성했다.

나의 홍보 업무 서비스에 만족한 고객들은 또 다른 고객에게 나를 소개해주었고, 나는 추가로 200만 위안을 벌어들였다. 창업한 첫해에 500만 위안의 실적을 달성한 것이다. 이는 좋은 인맥이 있었기에 가능한 결과였다. 즉, 뛰어난 능력은 필수 사항이요, 그와 더불어 좋은 인맥이 있어야 더 큰 성공을 거둘 수 있는 것이다.

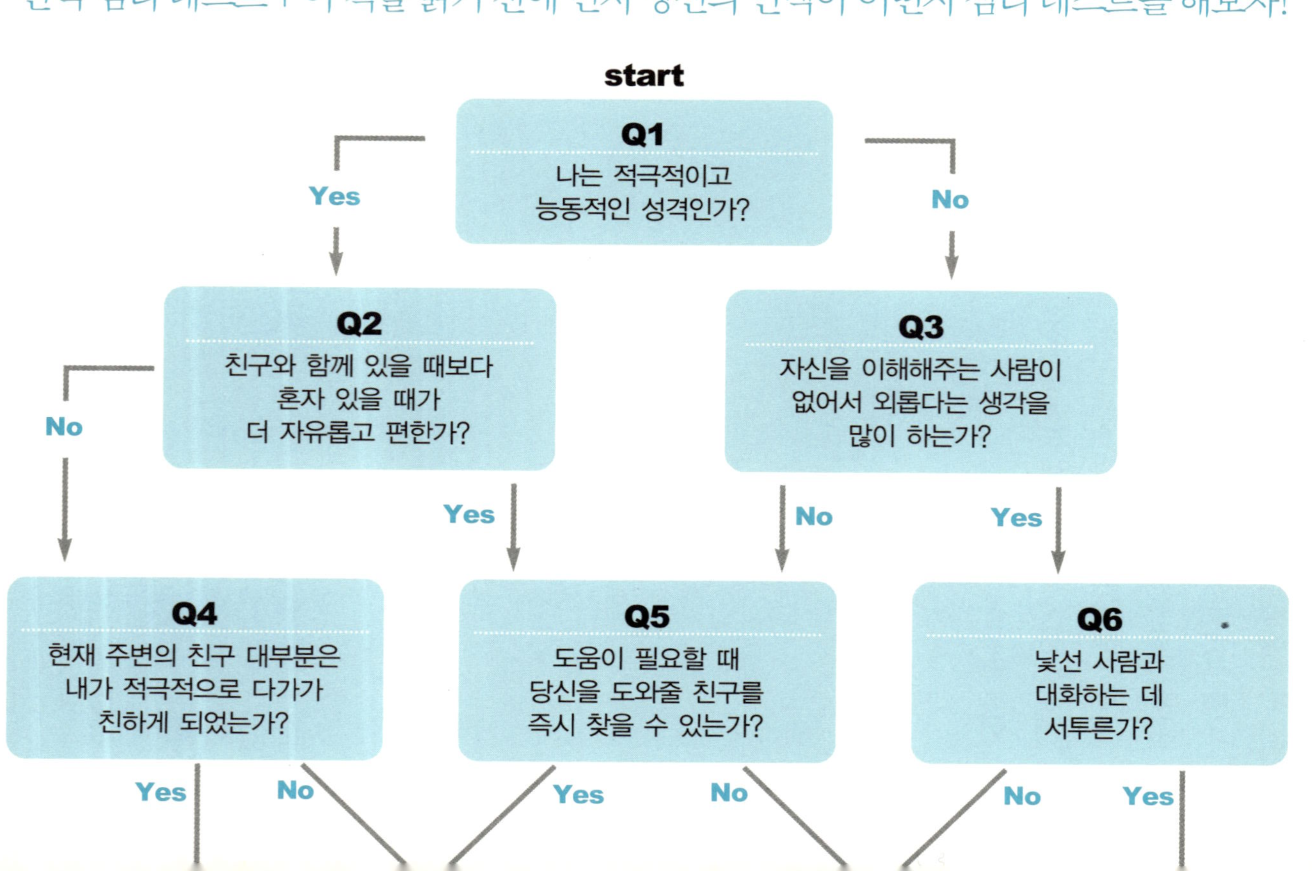

start
Q1
나는 적극적이고
능동적인 성격인가?
Yes
No
Q2
친구와 함께 있을 때보다
혼자 있을 때가
더 자유롭고 편한가?
Q3
자신을 이해해주는 사람이
없어서 외롭다는 생각을
많이 하는가?
No
Yes
No
Yes
Q4
현재 주변의 친구 대부분은
내가 적극적으로 다가가
친하게 되었는가?
Q5
도움이 필요할 때
당신을 도와줄 친구를
즉시 찾을 수 있는가?
Q6
낯선 사람과
대화하는 데
서투른가?
Yes
No
Yes
No
No
Yes

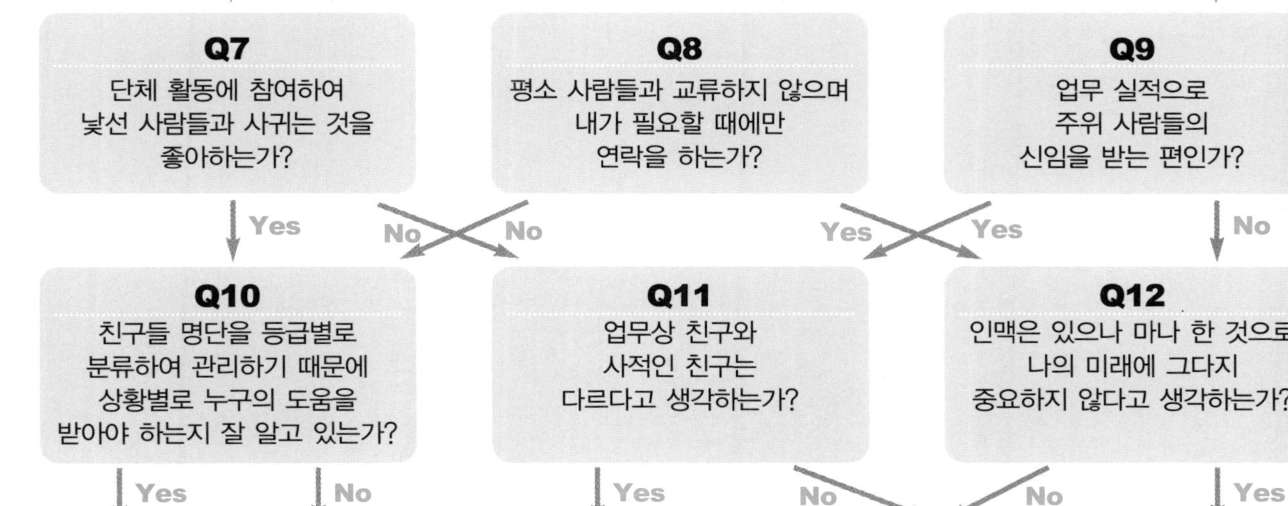

Q7
단체 활동에 참여하여 낯선 사람들과 사귀는 것을 좋아하는가?

Q8
평소 사람들과 교류하지 않으며 내가 필요할 때에만 연락을 하는가?

Q9
업무 실적으로 주위 사람들의 신임을 받는 편인가?

Yes No No Yes Yes No

Q10
친구들 명단을 등급별로 분류하여 관리하기 때문에 상황별로 누구의 도움을 받아야 하는지 잘 알고 있는가?

Q11
업무상 친구와 사적인 친구는 다르다고 생각하는가?

Q12
인맥은 있으나 마나 한 것으로 나의 미래에 그다지 중요하지 않다고 생각하는가?

Yes No Yes No No Yes

Ⓐ 축하합니다. 당신이 속한 조직의 중심인물로서 현재 풍성한 인맥을 보유하고 있습니다.
Advice 인맥을 통해 귀인을 만날 방법을 찾아보라. 인맥에서 금기 사항은 절대적으로 주의해야 한다. 여섯 번째 노트와 일곱 번째 노트를 참고하라.

Ⓑ 많은 사람과 알고 지내지만 어떻게 인맥으로 발전시켜야 할지 모르고 있는 점이 안타깝습니다.
Advice 인맥을 관리하고 분류하는 법을 배운다면 적절한 시기에 필요한 도움을 받을 수 있다. 명함관리 방법은 두 번째 노트의 내용을 참고하라.

Ⓒ 당신의 인맥은 현재 주변 사람들이 전부입니다. 직장을 옮길 경우, 동료들과 연락이 끊길 수 있습니다.
Advice 오랫동안 교류하며 인맥을 관리하지 못하는 것이 당신의 단점이다. 네 번째, 다섯 번째 노트를 참고하여 인맥을 구축하라.

Ⓓ 인맥을 쌓고 싶은 마음은 간절하지만 어떻게 시작해야 할지 모르고 있습니다. 포기하지 말고 좀 더 노력하세요.
Advice 더 많은 사람과 인맥을 쌓을 기회를 찾아라. 세 번째 노트를 참고하라.

Ⓔ 인맥을 중시하지 않는 경향이 있습니다. 인맥은 당신의 생활 속에 있다는 것을 기억하세요.
Advice 사람들은 누구나 관심받기를 원한다. 좀 더 적극적으로 나선다면 인맥 구축이 생각만큼 어렵지는 않다는 것을 알게 될 것이다. 첫 번째 노트를 참고한다면 큰 도움이 될 것이다.

첫 번째 노트
대화를 통해
필요한 인맥을 찾아라

두 번째 노트
저축한 인맥을 기록하는
세 가지 방법

세 번째 노트
인맥 쌓기의 지름길

네 번째 노트
상대방에게 강렬한 첫인상을 남겨라

다섯 번째 노트
교류관계를 지속시키는 방법

여섯 번째 노트
인맥을 귀인으로 바꾸는 비결

일곱 번째 노트
인맥관리의 주의 사항

적을 만들지 않는 인간관계의 비밀

대화를 통해
필요한 인맥을 찾아라

인맥은 어느 날 갑자기 하늘에서 뚝 떨어지듯이 생기는 게 아니라 늘 우리 곁에 있는 사람들로 이루어진다. 예컨대 매장의 점원이나 동업자와도 인맥을 쌓을 수 있고 심지어 우연히 마주친, 처음 만난 사람과도 인맥을 만들 수 있다. 물론 모든 인맥이 인생의 귀인이 되는 것은 아니다. 이럴 때는 먼저 단 5분만이라도 대화를 나누며 상대방에 대한 정보를 수집해보자. 그러면 당신 인생에 도움을 줄 귀인인지를 판단할 수 있고, 더 나아가 적극적으로 인맥을 쌓을 수 있다.

1. 만사형통의 지름길,
인간관계를 넓혀 인맥을 쌓아라

　인맥은 저축과도 같다. 인맥을 많이 쌓아놓아야만 필요할 때 적절한 도움을 받을 수 있다. 그러려면 먼저 폭넓은 인간관계를 맺는 것이 중요하다.

　처음 인간관계를 맺을 때는 모두가 낯설기만 하다. 이들 중에 앞으로 누가 나에게 도움을 줄지는 더더구나 알 수 없다. 그저 활동 범위를 넓혀 다양한 계층의 사람들과 폭넓게 사귀는 것이 최고의 방법이다. 얼핏 보기에 도움을 기대할 만한 사람이 아니어도, 혹은 당신의 업무나 일상생활과 별다른 관련이 없는 사람이라도 상관없다. 최대한 많은 사람을 사귀면서 인간관계를 넓히고 사소한 기회도 놓치지 않아야만 미래의 좋은 인맥을 만들 수 있다.

경우에 따라서 인맥은 작은 연결점에 불과하다. 하지만 점이 모여 선을 이루고, 선이 모여 원을 이루듯 작은 인맥들이 쌓여서 당신의 인생이 완성된다는 사실을 기억하라.

사회적 지위나 신분에 따라 차별대우하지 말라

나는 상대방이 사장이든, 부장이든, 일개 팀장이든 개의치 않고 언제나 진심을 담아 명함을 건네고 허심탄회하게 이야기를 나눈다. 상대방의 사회적 지위나 명함에 적힌 직함에 연연하며 사람을 차별하지 않으려고 노력하는 것이다. 이는 오랜 시간 수많은 사람과 교류하면서 깨달은 점이 있기 때문이다. 그것은 벼가 익을수록 고개를 숙이는 것처럼, 사회적으로 높은 지위와 영향력을 갖춘 사람일수록 겸손하고 친절하다는 사실이다.

'세상사는 돌고 돌아서 음지가 양지 되고 양지가 음지 된다'는 진리도 나는 항상 잊지 않는다. 사람들 중에는 사회적 지위나 부가 있으면서도 겉으로 드러내지 않는 이가 있다. 또한 지금 당장은 나를 도와줄 만한 능력이 없지만 5년 혹은 10년 뒤에는 사회적 거물이 되어 큰 도움을 주는 사람도 있다. 이 때문에 겉모습만 보고 함부로 차별하여 자신도 모르는 사이 남에게 상처를 주거나 원한을 사지 않도록 조심해야 한다.

그 밖에 겉으로 보기에는 보잘것없지만 의외로 사회적 명망이 있는 사람들과 돈독한 친분관계를 유지하는 이들도 있다. 이들은 긴박한 순간에 뜻밖의 도움을 주는 귀인이 되기도 한다. 그러므로 인맥을 쌓을 때는 사회적 지위나 신분을 따지지 말고 최대한 많은 사람과 교류해야 한다.

인맥은 쌓을수록 이익이며, 그 안에 귀인이 있다

불과 1년 만에 수백만 위안의 수익을 얻게 도와준 그 친구도 마찬가지다. 당시 나는 인맥은 넓을수록 좋다는 신념으로 다방면의 사람들과 친분을 쌓았다. 그런데 우연히 마주쳤던 그가 뜻밖에도 내 인생의 '중요한 인맥'이 된 것이다. 사실, 나는 그와 특별한 연고도 없고 업무상으로도 왕래가 없었다. 그런데 어느 날 갑작스레 그의 전화를 받게 되었다.

"제가 미디어 광고 쪽 일을 하고 있는데, 고객 중에 홍보 업체를 찾는 이가 있어서요. 문득 전에 주신 명함이 떠올라서 전화했습니다. 우리 한번 만나서 사업 이야기 좀 하는 게 어떨까요?"

솔직히 말해서 나는 그에게 언제 명함을 줬는지조차 기억나지 않았다. 그저 많은 사람을 만나고 인간관계를 넓히려고 애쓰던 중에 내 인생에서 가장 중요한 뜻밖의 인맥을 얻은 셈이다. 덕분에 나는 창업에 큰 도움이 될 귀인을 만날 수 있었다.

이처럼 일단은 당신과 관련이 있든 없든 최대한 많은 사람과 사귀며 친분을 쌓는 것이 좋다. 어부가 많은 물고기를 낚기 위해 더 멀리 더 넓게 그물을 던지는 것처럼 당신도 당신의 인간관계망을 넓혀야 한다. 그러면 언젠가는 전혀 예상 못했던 인생의 귀인이라는 대어를 낚을 수 있을 것이다. 본래 한 치 앞도 내다볼 수 없는 것이 인생 아니던가?

사실, 따지고 보면 귀인이라는 대어를 낚는 것도 결코 뜻밖의 행운은 아니다. 애초 인간관계를 넓히려고 애쓰지 않았다면 어떻게 그처럼 좋은 인맥을 얻을 수 있겠는가?

그물을 던져 물고기를 잡듯 인맥을 넓혀라.

인맥에 대한

반성 1　　**평소 어떻게 인맥을 쌓고 있는가?**

당신의 생각 • 인맥을 관리하려면 많은 시간과 노력이 필요한데, 괜히 쓸데없는 사람들을 상대하는 것은 낭비일 뿐이다. 나에게 도움을 줄 수 있는 사회적 지위와 능력을 갖춘 사람만 집중해서 관리하는 것이 훨씬 현명하다.

올바른 생각 • 좋은 인맥을 얻으려면 사회적 지위나 신분을 떠나서 모든 사람을 공평하게 진심으로 대해야 한다.

2. 면접시험으로
첫 번째 인맥을 저축하라

학교를 갓 졸업한 뒤 사회에 첫발을 내디딜 때만 해도 나는 특별히 내세울 만한 재능이 없었을뿐더러 주위에 아는 사람도 없었다. 그 어느 때보다 나를 도와줄 인맥이 절실했지만 홀어머니 슬하에서 자란 데다 조언을 해주거나 인맥을 소개해줄 만한 친척도 없었다. 그야말로 도움을 청할 사람 하나 없는, 난감하기 짝이 없는 시절이었다.

그때 생각해낸 방법이 바로 앞서 소개한 '그물 던지기'였다. 인터넷 구인구직 사이트가 없던 당시, 나는 맨땅에 헤딩하는 기분으로 전화번호부를 펼쳐들었다. 평소 관심 있던 광고 및 홍보 업종의 회사를 모조리 뒤져서 마음에 드는 회사 열 곳을 추렸다. 그다음 인터넷과 신문으로 각 회사의 정보를 검색하고 또 회사 안내 데스크에 전화를 걸어 인사부서 전화번호를 비롯해 일하고 싶은 부서의 책임자 이름과 전화번호를 알아냈다.

그러고는 신입사원 모집 여부에 개의치 않고 자기소개서와 이력서를 회사마다 두 통씩 보냈다. 한 통은 인사부서 담당자에게, 또 한 통은 내가 들어가고 싶은 부서 담당자에게 보낸 것이다. 물론 이력서는 사람들의 마음을 끌어당길 수 있도록 정성을 기울여 작성했다. 이렇게 나만의 그물을 던진 뒤 나의 이력서에 관심을 갖고 회신하는 사람이 나타나기만을 기다렸다. 또한 그들의 회신을 통해 내가 이력서를 얼마나 잘 썼는지를 가늠할 수 있었다.

면접시험을 통해 사람들을 상대하는 능력을 키우다

이력서를 보내기 전에 나는 그 회사의 인재상이나 미래 발전 전략을 꼼꼼히 분석했다. 그러고는 수집한 정보를 참고하여 이력서를 작성했는데, 덕분에 열 군데 중 여덟 곳에서 면접시험 통지서를 보내왔다. 물론 나는 여덟 회사의 면접시험에 모두 응했다. 특출한 능력도 인맥도 없는 내가 광고·홍보 업종의 거물들을 직접 만날 유일한 기회였기 때문이다. 면접시험에 합격하든 못하든 그들을 한번 만나는 것만으로도 좋은 시작이 될 수 있다고 굳게 믿었다.

결과적으로 나는 어느 곳에도 입사하지 않았다. 면접시험을 통과하여 채용 통지서를 받은 곳도 있었지만 다른 선택을 위해 포기했다. 이처럼 나의 '그물 던지기'식 구직 방법은 최종적으로 입사로 연결되지 못했지만 대신 나는 중요한 수확을 얻었다.

면접시험의 경험을 통해 자신감이 커졌고, 어떤 태도와 마음가짐으로 사람들을 상대해야 하는지를 단련할 수 있었던 것이다. 또한 면접관들과 대화를 나누면서 그들이 필요로 하는 인재 조건이나 특별히 선호하는 인재상도 파악할 수 있었다. 덕분에 사람들을 상대하는 능력이 크게 좋아졌다. 무엇보다도 중요한 것은, 면접관들 중에 나에게 호감을 느낀 몇몇 사람들과 훗날 업무상 교류를 하면서 개인적인 친분을 쌓을 수 있었다는 점이다.

그 시절의 나처럼 명함 한 장도 없는 사회 초년생이라면 그물 던지기의 첫걸음으로 면접시험을 시도해보라. 지금 당장 자신이 꿈꾸는 회사의 명단을 뽑아서 이력서를 보내는 것이다. 기대했던 만큼 좋은 결과를 얻지 못하더라도 섣부른 포기는 금물이다. 당신이 얼마나 많은 사람을 만나느냐가 중요하다. 그들과의 뜻밖의 인간관계가 만들어지면 거기서부터 인맥이 시작된다. 이력서 보내는 것을 시작으로 인맥을 넓혀라.

3. 단 5분 만에
중요한 인맥을 찾아내는 법

　그물을 던졌다고 해서 끝나는 것이 아니다. 가만히 앉아서 기다리면 물고기가 저절로 찾아오겠는가? 어부가 수시로 그물을 살피는 것처럼 당신도 정기적으로 인맥의 그물을 살피고 보살펴야 좋은 인맥을 낚을 수 있다. 물론 우리에게 시간과 능력이 부족한 게 사실이다. 회사를 다니고 사람들도 만나고, 가정을 돌보느라 시간과 능력에 제약이 따른다. 일상생활을 꾸리기도 빠듯한데 망망대해 같은 인맥의 바다를 수시로 점검하며 돌아다닐 여유가 있겠는가!

　이럴 때는 당신에게 가장 중요한 인맥만을 추려서 중점적으로 관리하는 것이 현명하다. 직위가 높고 당신과 친밀한 관계라고 해서 반드시 미래의 중요한 인맥이 되는 것은 아니라는 사실을 명심해야 한다.

인생사는 돌고 도는 법이다. 상대방의 신변에 어떤 변화가 생길지 누가 알겠는가? 또 그의 도움이 가장 절실한 순간에 과연 흔쾌히 내게 도움의 손길을 내밀어줄지 어떻게 단언할 수 있단 말인가? 그렇다면 내가 필요로 할 때 언제든지 도와줄 사람을 판별하는 방법은 무엇일까?

내 방법은 매우 간단하다. 무조건 사람들과 대화를 나누는 것이다. 그러면 단 5분 만에 상대방을 파악할 수 있다. 얼핏 듣기에도 누구나 할 수 있는 쉬운 방법처럼 느껴질 것이다. 하지만 대화를 나누는 데도 기교가 필요하다. 마음 내키는 대로 제멋대로 지껄이는 것이 아니라 몇 가지 요령을 따라야 한다. 즉, '말은 적게 하되, 상대방의 말에 최대한 귀를 기울이는 것'이다. 이렇게 하면 상대방이 말을 많이 할수록 그에 대한 정보를 더 많이 얻을 수 있기 때문에 어떤 종류의 사람인가를 쉽게 판별할 수 있다.

'공적'인 대화가 끝나면 '사적'인 화제로 친밀감을 다져라

이야기를 나눌 때는 먼저 공적인 일로 화제를 이끌어가라. 상대방의 직업, 업무에 대한 경험이나 가치관 등을 통해 그의 직책이나 사회적 지위를 간파할 수 있다. 심지어 앞으로 그가 사회적으로 성공을 거둘지의 여부도 내다볼 수 있다.

공적인 대화로 상대방을 어느 정도 파악했다면, 반드시 사적인 화제로 한층 더 깊이 있는 대화를 나누어라. 그러면 상대와 더욱 친밀해지는 한편, 앞으로 그와 인맥을 구축하는 데 참고로 삼을 만한 정보를 얻을 수 있다.

위의 대화 비결을 터득한다면 당신에게 필요한 정보를 쉽게 얻을 수 있다. 이렇게 수집한 정보를 바탕으로 상대방이 당신에게 필요한 존재인지, 얼마만큼의 중요한 위치를 차지하는지, 앞으로 어떻게 교류관계를 이어가야 하는지 등을 판단할 수 있다.

처음 만난 사람과 어떻게 대화를 나눠야 할까?

당신의 생각 • 말을 안 하면 분위기가 어색해지니까 내가 재미있다고 여기는 일들을 되도록 많이 이야기한다.

올바른 생각 • 상대방 스스로가 재미있다고 여기는 일을 많이 이야기하도록 유도해야 한다.

단 5분 만에
중요한 인맥을 찾아내는 화술

스텝 1

공적인 대화

1차적으로 상대방에 대한 기본 정보를 파악한다.

스텝 2

사적인 대화

친구 같은 친밀감을 형성한다.

스텝 3

미래 관계 구축

당신의 귀인이 될 가능성이 있는지 판단한다.

4. 좋은 인맥은
직업과 상관이 없다

　드넓은 인맥의 바다에서 당신의 미래에 필요한 중요 인맥을 찾기 전에 한 가지 강조하고 싶은 것이 있다. 좋은 인맥을 얻으려면 먼저 선의에서 우러나오는 인간에 대한 호기심과 사물을 탐색하려는 탐구심을 길러야 한다는 점이다. 나에게 이익이 되는 사람만 골라서 친분을 다져서는 안 된다. 세상사는 돌고 돈다. 지금은 도움 안 되는 보잘것없는 사람이지만 나중에 사회적으로 성공을 거두고 출세하여 당신에게 큰 도움을 줄지 누가 알겠는가?

　나의 예를 한번 들어보겠다. 나는 업무 회의가 잦아 택시를 자주 이용하는데, 그럴 때마다 택시 기사와 이야기를 즐겨 나눈다. 택시 기사들도 성격이 천차만별이다. 긍정적이고 쾌활한 이가 있는가 하면 비관적이고 온통 불만투성이인 이도 있다. 나는 택시 기사들을 통해 들은 사회 각계각층의 목소리를 나의 업무에 활용했는데, 이는 큰 도움이 되었다.

10년 전 어느 날인가, 그날도 회의 시간에 늦지 않으려고 부리나케 택시를 잡아타고 가면서 여느 때처럼 택시 기사와 이야기를 나누기 시작했다. 마침 성격이 밝고 낙관적이었던 기사는 자신의 이야기를 허심탄회하게 털어놓았다. 지하철역의 노선을 달달 외워 승객들이 붐빌 때를 맞춰 대기하는 등 승객들을 태우기 위한 노하우도 알려주고, 모든 일에 감사하는 마음으로 산다는 인생관도 들려주었다.

그런데 갑자기 예기치 못한 일이 발생했다. 택시의 기름이 동이 난 것이다. 설상가상 택시 기사는 지갑조차 가져오지 않았기에 택시가 도로 한복판에서 꼼짝달싹 못하는 난감한 상황에 빠지고 말았다. 급한 회의를 앞두고 있던 나로서는 당연히 화를 내며 다른 택시로 바꿔 탈 수 있었지만 차마 그럴 수가 없었다. 나는 그에게 기름값으로 200위안과 함께 명함 한 장을 건넨 뒤 다른 택시로 바꿔 탔다. 그 뒤로 나는 그 일을 까맣게 잊어버렸다.

그로부터 여러 해가 지난 어느 날, 나는 후원 기금 마련을 위한 음악회 행사를 맡게 되었다. 음악회 행사를 위해 어느 중소기업에 후원을 요청했는데, 뜻밖에도 그 기업의 사장이 바로 그 택시 기사가 아닌가! 당시 200위안의 기름값과 명함을 건넨 나의 인정에 대한 보답으로 그는 우리 음악회에 거금을 후원해 주었다. 낙관적이고 쾌활한 그 택시 기사가 10년 후에 중소기업 사장이 되어 있었던 것이다. 이처럼 드라마틱한 인생의 반전을 누가 예상이나 했겠는가?

사람을 사귈 때는 절대로 겉모습만 보고 판단해서는 안 된다. 현재 그 사람의 직위나 사회적 지위가 변변치 못해 그리 도움이 되지 않는다고 여겨 소홀히 대해서는 안 된다. 그가 어느 순간 귀인이 되어 언제 어디에서 당신에게 큰 도움을 줄지 아무도 알 수 없다. 좋은 인맥을 거머쥐는 것이 승리의 지름길이다!

5. 대화를 통해
중요한 인맥인지 판단하라

아마 내가 행운아라고 여기는 사람도 많을 것이다. 사회에 발을 딛자마자 사회적 지위와 영향력을 갖춘 사람들을 만났으니 말이다. 물론 행운아라는 말이 꼭 틀린 말은 아니다. 하지만 바꿔 생각하면, 나는 대다수의 사람이 대수롭지 않게 지나쳐버리는 행운을 놓치지 않고 거머쥔 것에 불과하다.

나는 좋은 인맥이라는 행운을 결코 거저 얻지 않았다. 좋은 인맥은 노력만 해서는 얻을 수 없다. 좋은 인맥인지 아닌지 명확히 판별할 방법이 필요하다. 그 방법을 잘 활용하면 쉽고 빠르게 좋은 인맥을 만들 수 있다.

대화를 통해 성격을 파악하라

내 방법은 매우 간단하다. 우리는 대개 첫 대면에서 상대의 직업이나 직책 혹은 업무 내용 등 기본적인 신상 자료를 묻는다. 나는 이 자료를 통해 상대방이 어떤 부류인가를 판단한다. 가령, 글을 쓰거나 설계를 하는 사람이라면 분명 사업하는 사람과는 성격이 많이 다르다. 따라서 나는 그 성격에 맞는 대화법으로 상대에게 말을 건네며 다가간다.

홍보 업체를 운영하는 친구가 있다. 맨 처음 그를 우연히 만나 통성명하고 이야기를 나눴는데, 나는 잠깐의 대화만으로도 그가 의리를 중시하고 인간관계가 매우 넓다는 사실을 간파했다. 그와 가까이 지내면 언제든지 나를 믿고 도와줄 의리 있는 친구가 될 것이라는 확신이 들었다. 나는 그 자리에서 그와 친구가 되기로 마음먹었다. 그때의 내 판단은 틀리지 않았다. 내가 창업을 준비할 즈음 그는 여러 고객을 소개해주며 나를 전폭적으로 도와줬으니까 말이다.

반대로 사회적 명성과 높은 직책을 가졌으면서도 별다른 도움을 주지 않는 사람도 있다. 그런 사람과는 애써 시간과 노력을 들여 친분을 쌓을 필요가 없다.

상대방이 남에게 도움을 베푸는 의리 있는 사람인지 아닌지 어떻게 구별할 수 있을까? 방법은 매우 간단하다. 주변 사람을 대하는 상대의 태도를 살펴보면 금방 알 수 있다. 만일 상대방이 주변 사람들을 가족처럼 아끼고 챙긴다면 그와 친구가 되어

라. 그는 가족을 대하는 것처럼 당신의 일에 관심을 갖고 도와줄 것이다. 상대방이 주변 사람들에게 무관심하다면 친구가 될 생각은 아예 하지 말라. 당신이 그 자신에게 특별히 이용 가치가 없는 이상 그는 당신을 차갑게 외면할 것이다. 도움의 손길 역시 기대하기 힘들다.

궁합이 맞지 않는 사람과 억지로 친구가 되지 말라

나에게도 궁합이 맞지 않는 느낌을 주는 사람이 있었다. 그는 유명한 음악가였고 나는 그의 순회공연 홍보 일을 맡았었다. 그때 나는 홍보 계획을 세우느라 그를 자주 만났는데, 문득 한 가지 흥미로운 사실을 발견했다. 그의 비서가 한 달에 한 명 꼴로 바뀌는 데다 매번 한바탕 말다툼을 벌이고 사표를 내기 일쑤였다. 게다가 그는 부모나 아내를 대할 때도 무례하기 짝이 없었다. 기분이 나쁘면 누가 있든 없든 고래고래 고함을 질렀는데, 주변 사람에 대한 배려라고는 찾아볼 수가 없었다.

평소 주변 사람들에게 막무가내로 굴면서도 사회적 지위가 있는 사람을 만날 때는 태도가 180도 변하는 이가 있다. 그 음악가가 그랬다. 전임 중앙은행 총재를 만났을 때 그는 평소와 달리 대단히 친절하고 예의바르며 열정적인 태도를 보였다. 그 모습을 보면서 나는 그 음악가가 이익이 되는 사람에게는 아첨하고, 필요 없는 사람은 무시하고 푸대접하는 부류임을 알아챘다. 이런 부류는 제아무리 사회적 명성과 권력을 갖고 있더라도 어떤 도움을 기대할 수 없다. 자신에게 이익이 되지 않는 이상 절대로 도움의 손길을 내밀 리 없으니까 말이다. 그런 사람과는 친구가 될 필요가 없다.

여기서 우리는 한 가지 원칙을 기억해야 한다. 중요한 인맥은 절대로 사회적 명성이나 지위나 재력을 기준으로 삼아서는 안 된다는 것이다. 상대방의 성격을 중심으로 어떤 부류인가를 판별하고 인맥을 쌓아야만 필요할 때 도움을 받을 수 있다.

인맥에 대한

반성 3   **어떤 사람을 귀인이라 판단하고 인맥관리에 집중하는가?**

당신의 생각 • 당연히 사회적으로 지위와 명성을 가진, 돈 많고 권력 있는 사람이다!

올바른 생각 • 의리를 중시하고 친구와 동료를 잘 대하는 사람이 바로 나를 도와줄 귀인이다.

중요한 인맥은 좋은 성격이 결정짓는다

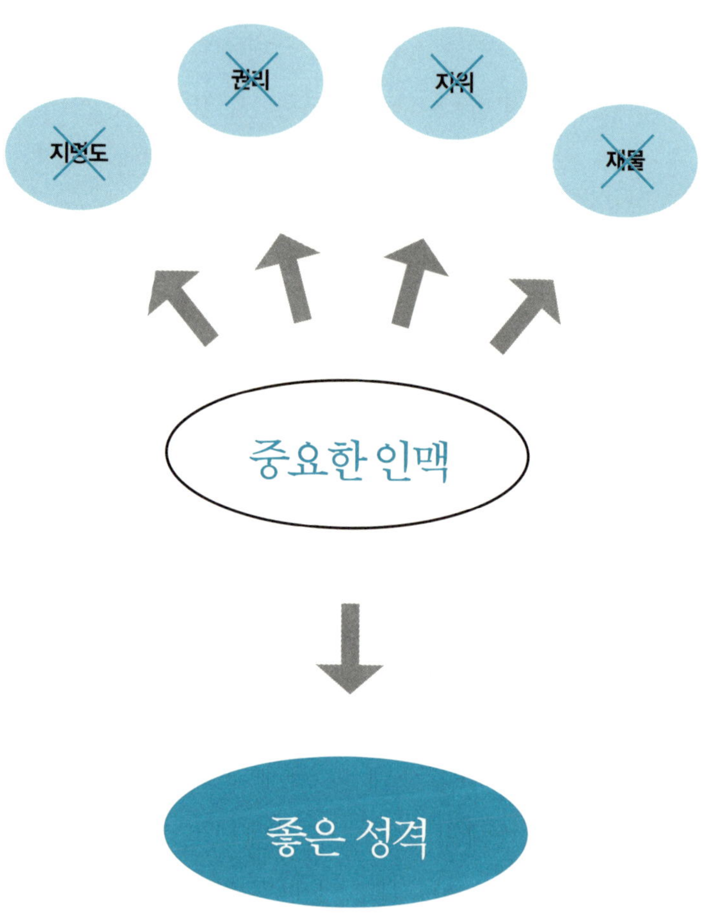

첫 번째 노트 정리와 복습

❖ 처음 인맥을 쌓기 시작할 때는 알고 지내는 사람이 많을수록 좋다. 상대방의 신분이나 사회적 지위에 따라 차별대우하지 말라. 그녀 혹은 그가 언제 어디서 당신의 귀인이 될지 모른다.

❖ 사회 초년생이라면 면접시험의 기회를 충분히 활용하여 인맥을 쌓아라. 자신의 부족한 점을 파악할 수 있고, 대응 요령을 익힐 수 있다.

❖ 좋은 인맥이 될 수 있는지 판별하려면 대화를 나눠보라. 대화를 통해 상대방의 성격을 파악할 수 있다. 또한 평소 인간관계를 살펴보면 그가 좋은 인맥이 될 만한지 판별할 수 있다.

적을 만들지 않는 인간관계의 비밀

저축한 인맥을 기록하는
세 가지 방법

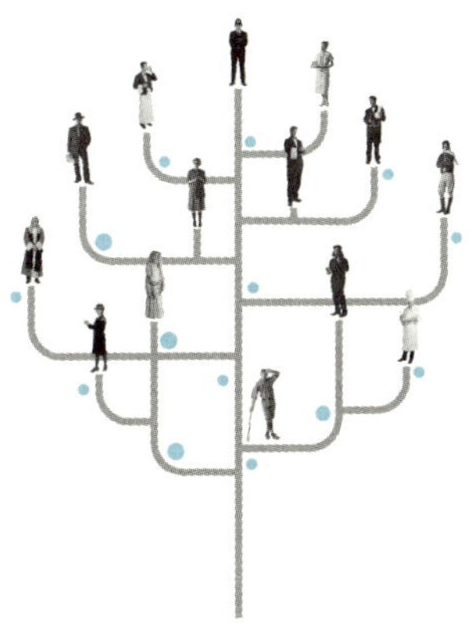

명함의 위력을 절대로 무시해서는 안 된다. 당시 명함을 주고 받을 때는 특별한 의미가 없었을지라도 어느 순간 명함 속 인물이 당신 인생의 귀인이 될 수 있다. 따라서 명함을 받은 후 상대의 인상이나 특징을 간단히 메모하는 것이 좋다. 기억은 쉽게 잊히지만 글로 기록하면 오래 남는다. 이것은 인맥을 놓치지 않는 좋은 습관이다.

6. 명함을 소홀히 하면
   기회를 잃을 수 있다

인맥관리는 마라톤을 하는 것처럼 인내심과 강한 의지력이 필요하다. 인맥은 짧은 기간에 효과를 거두기가 어렵다. 때로는 2년, 3년의 기간이 필요하거나 심지어 영원히 효과를 보지 못할 때도 있다. 그러나 정성을 들여 노력한 만큼 인맥의 효과를 거두지 못했더라도 인맥관리를 포기해서는 안 된다.

좋은 인맥은 평생의 귀인을 선물해주고, 당신이 어려움에 처할 때마다 변함없이 도움의 손길을 내밀어준다. 길고 긴 인생길에서 우리는 언제 누구의 도움이 필요할지, 어떤 뜻밖의 사람이 내 인생의 귀인이 될지 전혀 알 수 없다. 이 때문에 효과적인 방법과 요령을 제대로 활용하여 인맥을 잘 관리해야 한다.

인맥을 관리하려면 무엇보다 오랜 기간에 걸친 지속적 교류가 매우 중요하다. 하지만 우리의 시간과 정력에는 한계가 있다. 그렇다면 한정된 조건에서 나에게 도움이 될 만한 사람들을 한 명씩 일일이 만나면서 오랫동안 교류를 유지하는 방법은 없을까?

인맥관리의 첫걸음은 명함을 목숨처럼 여기는 것

인맥관리는 명함관리에서 시작된다. 명함에는 상대의 직업, 전화번호 등 중요한 정보가 담겨 있다. 그런데 정작 주위를 둘러보면 남에게 받은 명함을 아무 데나 내던지는 사람이 많다. 무심코 명함을 내던지는 순간 중요한 정보를 잃어버리는 셈이다. 생각해보라. 남의 도움이 절실히 필요한 순간 한 통의 전화로 해결될 때가 허다하다. 그런데 명함을 잘 보관하지 않으면 중요한 순간에 힌트가 될 전화번호를 그대로 내버리는 꼴이 된다.

나는 명함을 받으면 보물처럼 보관한다. 10여 년 전에 받은 명함도 예외가 아니다. 설사 명함 속의 인물이 이미 그 직책에서 물러났더라도 명함에는 그의 경력이 담겨 있다. 즉, 일단 명함을 보관하면 최소한 그 사람에 관한 기본 정보는 갖고 있는 것이기에 훗날 필요할 때 큰 도움을 받을 수 있다.

그 밖에 한 가지 주의할 점이 있다. 상대방이 회사를 그만두거나 그 직책에서 물러났다고 해서 교류를 끊어서는 안 된다. 그 사람이 언제 다시 복직하거나 새로운 모습으로 나타날지 알 수 없는 일이다. 만일을 대비해 그 사람에 관한 최소한의 정보는 보관하는 것이 좋다.

인맥 이력의 중요성은
의사가 환자의 진료 기록을 보는 것처럼 중요하다

나의 명함첩에는 똑같은 사람의 명함이 여러 장 있다. 이 경우, 각기 다른 회사명이나 직책이 새겨져 있게 마련이다. 나는 상대방이 직업을 바꾸는 것과 상관없이 그에게 받은 명함은 무조건 모은다. 그 명함에는 상대의 직업 변화 과정에 대한 정보가 고스란히 담겨 있기 때문이다. 의사가 환자의 진료 기록을 통해 환자의 병력을 한눈에 살피고 약을 처방하는 것과 같은 이치라고 하겠다.

나의 경험에 비춰보자면 인간관계에서 오직 기억력에만 의존하면 낭패를 볼 때가 많다. 그 사람을 언제 만났는지, 무슨 일로 교류했는지 도통 떠오르지 않을 때가 많다. 그런 때 명함에 담긴 정보는 상대에 관한 인상이나 특징을 쉽게 떠올리도록 도와준다. 더불어 그와 관계가 돈독해지는 효과가 있다. 생각해보라. 자신과 관련해 사소한 일까지 기억해주는 사람에게 호의를 느끼지 않을 사람이 어디 있겠는가?

명함에는 첫 만남의 기억이 고스란히 담겨 있다

언젠가 기자 회견장에서 〈애플 데일리〉 신문사 기자의 명함을 받은 적이 있다. 나는 사람들의 명함을 항상 보관할 뿐만 아니라 간단한 기록까지 해놓고 가끔씩 들춰보는 습관이 있다. 덕분에 기자의 명함을 본 순간, 매우 낯익은 이름임을 쉽게 알아챘다. 물론 예전과는 연락처와 직급이 달랐다. 그런데 그녀의 얼굴이 통 기억나지 않았다.

나는 집으로 돌아가 명함첩을 뒤졌다. 과연 똑같은 이름의 각기 다른 명함 세 장이 나왔다. 신문사와 잡지사에서 주로 의약 관련 보도를 다루던 기자였다. 나는 즉시 전화를 걸어 그녀의 과거 직장을 언급하며 그때 깊은 인상을 받았지만 오랫동안 연락이 없어서 깜빡 잊었다고 말했다.

그런데 뜻밖에도 그녀가 "오랜만이에요, 루비 씨!" 하며 나를 반기는 게 아닌가!

그 순간 나는 명함에 약간의 메모를 해둬서 참 다행이었다고 생각했다. 그 메모가 아니었으면 상대방은 나를 기억하는데, 정작 나는 그를 전혀 알아보지 못하는 난감한 상황에 빠졌을 것이다. 게다가 현재 그 사람이 맡고 있는 업무는 나의 홍보 업무와 밀접한 관계가 있었다.

당시 통화를 하면서 나는 비록 상대방에 대한 기억은 거의 없었지만 명함에 적힌 메모를 통해 그녀와 유쾌한 대화를 나눌 수 있었다. 그뿐만이 아니었다. 그녀는 내가 자신이 과거 일했던 신문사 이름까지 기억하고 있다는 사실에 무척이나 감동을 받은 눈치였다. 우리는 마치 오랜 친구처럼 금세 친밀해져 자주 연락하는 사이가 되었다. 물론 나의 홍보 업무에 큰 도움이 된 것은 두말할 나위도 없다.

사회적 지위를 따지지 말고 인맥을 쌓아라

언젠가 한 기자 친구가 복합 쇼핑몰인 브리즈 센터의 회장 랴오전한이 미디어와 어떻게 친밀한 관계를 구축했는지 이야기해준 적이 있다.

어느 날 내 친구는 우연히 랴오전한 회장을 취재할 기회를 얻었다. 그런데 회장은 친구의 명함을 받아들더니 단번에 이렇게 말했단다.

"아, 전에 OO 신문사에서 근무했지요? 그때 작성했던 기사를 자주 읽었습니다. 아니 그런데 잡지사로 옮기셨네요? 신문사에서 근무할 때 보도하던 기사 내용이 참 좋아서 인상 깊었었는데 말이에요."

친구가 그 신문사를 그만둔 지는 이미 여러 해 전이었다. 그런데도 랴오전한은 친구의 과거 직장을 기억하고 있었던 것이다. 친구가 랴오전한의 세심함에 감동받은 것은 당연했다. 그에 관한 기사를 상당히 호의적으로 작성한 것 역시 두말할 나위 없었다.

　라오전한 같은 대기업 회장도 명함을 소중히 다루며 인맥을 관리하는 데 각별한 노력을 기울인다는 사실에 나는 상당히 놀랐다. 그리고 일개 홍보 전문가에 불과한 나는 더욱 분발하여 열심히 명함을 관리해야겠다는 생각도 했다.

　위의 일화는 명함에 간단한 메모를 하는 것이 얼마나 중요한가를 말해준다. 명함첩에 꽂아둔 상당수 명함이 지금 당장 당신에게 쓸모없는 것들이라고 해도 함부로 버려서는 안 된다. 어쩌면 바로 내일 그 명함에 새겨진 이름과 연락처가 가장 중요한 인맥과 연결될 수도 있다는 것을 잊지 말라.

　명함은 항상 보물처럼 소중히 보관해야 한다. 명함마다 명함 주인에 관한 메모를 덧붙여서 세심하게 정리한다면 한 번 스쳐지나간 사람도 오랫동안 기억할 수 있다. 설사 까맣게 잊어버린다 해도 그 메모 덕분에 다시 기억을 떠올릴 수 있다. 그러면 인맥을 쌓는 과정에서 실수하거나 기회를 놓치는 일은 없을 것이다.

당신의 생각 • 아무 데나 놓거나 한곳에 쌓아둔다.
올바른 생각 • 특성별로 분류하여 언제든지 필요할 때 명함을 찾을 수 있도록 한다.

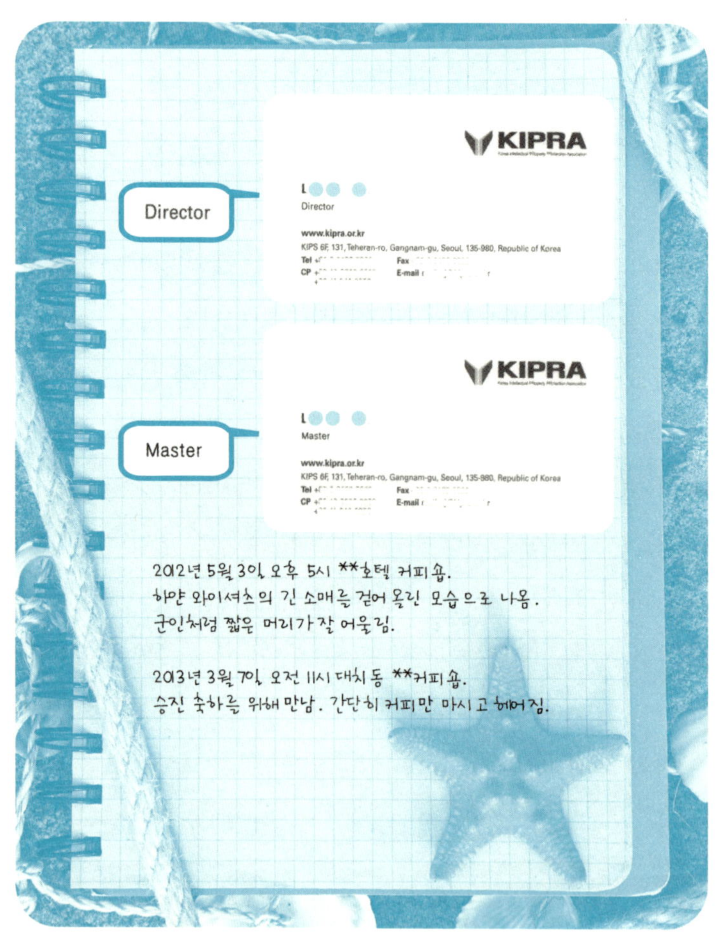

이직이나 창업 등으로 직함이 여러 번 바뀌는 사람이 있다.
이런 상대에 대한 모든 정보를 정확하게 파악하고 있어야 한다.
정보들을 적어둔 메모지, 즉 명함 노트는 명함 수첩에 넣어 보관한다.
가지런하게 분류한 명함 수첩은 인맥관리의 기본으로, 각 명함 수첩에
분류표를 붙여두면 각각의 자료를 찾는 데 편리하다. 예를 들면 명함을
고객사/ 방송 네트워크 / 신문 / 홍보, 광고, 매니지먼트 회사 / TV / 신
문 / 잡지 / 경제비즈니스 잡지 등등으로 분류하여 각 명함 수첩에 따로
정리하는 것이다.

7. 상대방의 특징을
명함에 기록하라

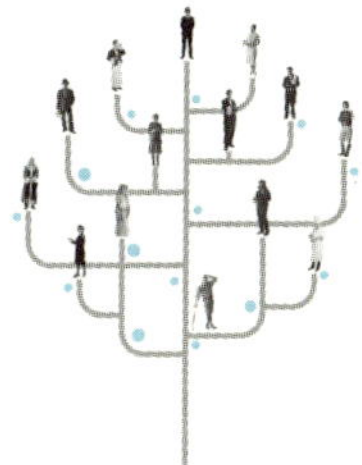

사회생활을 하다 보면 하루에도 수십 장의 명함을 받을 때가 있다. 가령, 특정 모임이나 장소에 갔을 때 등이다. 이 많은 명함에 나중을 위해 일일이 메모하라면 당신은 기겁할까?

이는 조금도 어려운 일이 아니다. 홍보 업계에서 일하는 나는 기자 회견장을 자주 가는 편인데 그 때문에 기자들 수십 명의 명함을 한꺼번에 받을 때가 많다. 하지만 솔직히 말해서 밀물처럼 밀려들었다 썰물처럼 빠져나가는 수십 명의 기자 얼굴을 하나하나 기억하는 것은 불가능하다. 게다가 그들의 인상을 명함 한 장 한 장에 메모할 시간이 어디 있단 말인가!

나는 특히나 기억력이 나빠서 사람을 알아보지 못해 난처한 상황에 처할 때가 많다. 이는 인간관계에서 크나큰 실례다. 그래서 좀 더 쉽고 효과적으로 명함을 관리하는 방법이 누구보다 절실했다. 결국 나름대로 고심해서 생각해낸 방법이 있다. 짧은 시간에 사람들의 중요한 정보를 빠뜨리지 않고 기록할 수 있는 방법은 바로 명함을 주고받은 그 자리에서 재빨리 상대방의 특징을 메모하는 것이다. 그렇게 하면 나중에 그 사람의 명함과 특징을 한데 결부시켜 쉽게 기억을 떠올릴 수 있다.

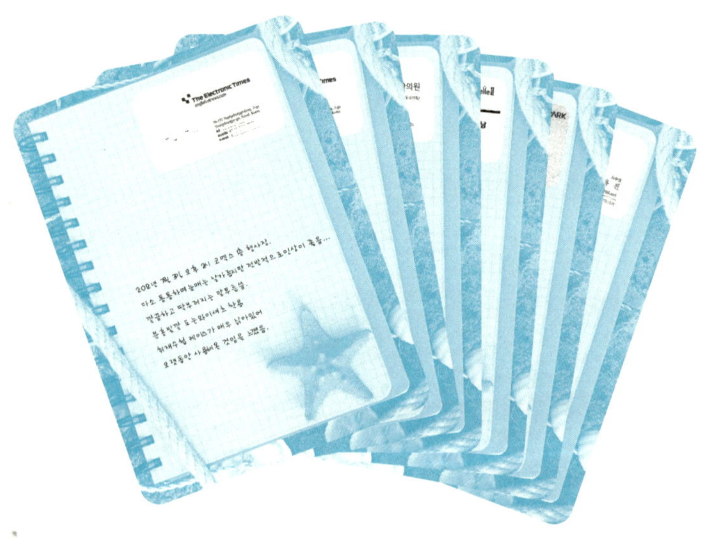

상대방의 특징과 정보를 기입하는 것이 그저 명함만 꽂아두는 것보다 훨씬 명확하다. 명함에 직접 메모하면 기억력을 높이는 데 도움이 된다. 명함 노트는 직접 손으로 기록해야 하므로 그때그때 기록하기에 적절하고 편리하다.

스타매칭 기억법

나는 사람들과 명함을 주고받으면 먼저 명함의 내용을 자세히 훑어본다. 그다음에는 상대방과 대화를 나누면서 그의 외모적 특징, 즉 인상이나 신체 특징을 유심히 봐뒀다가 자리를 옮기면 곧장 명함에 그것들을 간단히 메모한다.

이른바 스타매칭 기억법은 상대방의 외모적 특징과 비슷한 연예인이나 스타를 함께 엮어서 기억하는 방법이다. 가령, 세련된 옷차림에 요즘 한창 인기가 있는 아이돌과 비슷한 외모라면 그 스타의 이름을 덧붙여서 메모해둔다. 만일 상대방이 이미 사회적으로 명성 높은 유명인이라면 그의 신체적 특징을 본 떠 별명을 짓거나, 그들이 즐겨 사용하는 명품 브랜드 혹은 향수 이름을 추가로 메모해둔다.

언젠가 미녀 화가 천상인을 만난 적이 있다. 첫눈에도 매우 우아하고 고상한 분위기가 느껴지는 여성이었다. 비록 온몸에 명품을 휘감고 있었지만 어느 것 하나도 명품 브랜드 로고가 눈에 띄지 않았다. 값비싼 명품으로 재력을 과시하는 천박한 부류가 아니라 고상한 품위를 중시하는 미인이라는 사실을 엿볼 수 있었다. 이미 사회적으로 명성이 자자한 유명인이라서 스타나 연예인과 결부시킬 필요도 없었다. 그때 첫인상이 참 좋았기에 그녀의 특징을 이렇게 메모했다.

'타이난[臺南] 출신, 우아하고 친절하며, 얼굴은 피부 상태가 좋아 세월의 흔적이 느껴지지 않는다. 화장도 세련되고 눈매가 뚜렷하다. 성격이 직설적이고 의리를 중시하여 친구를 위해서라면 물불 안 가릴 타입이므로 친구로 사귈 만하다.'

언젠가 탐방 취재로 그녀의 집을 방문한 적이 있었다. 그때 구경한 그녀의 화실에는 수십여 개의 화필이 가지런히 정돈되어 있었다. 그것만으로도 그녀가 겉모습만 아름답고 화려한 것이 아니라 내면 역시 정갈하고 품위 있는 여인임을 알 수 있었다. 게다가 얼마나 겸손하고 친절한지 그녀가 유명인사라는 느낌이 전혀 들지 않을 정도로 친근하게 여겨졌다.

두 번째 만남에서 나는 헬로우키티로 꾸며진 그녀의 휴대전화기를 보게 되었다. 그녀는 일본 야구선수 팬이라, 자주 일본을 방문한다고 했다. 나는 이러한 정보들을 모두 기록해두었다.

한번은 기자 회견장에서 우연히 호간 베이커리의 사장 부인을 만났다. 처음 본 순간 무척이나 낯이 익어서 한동안 어리둥절했다. 곰곰이 생각해보니 영화배우 린칭샤의 젊은 시절 모습과 많이 닮아 있었다. 덕분에 그녀의 얼굴은 뇌리에 깊이 박혔다. 언제 어디서 봐도 금세 알아볼 수 있을 만큼 말이다.

나는 사회생활에서 마주치는 사람들의 정보를 간략하게 기록하는 일이 아주 즐겁다. 우리는 살아가면서 거짓과 위선으로 포장된 사람을 만날 때가 많다. 그러나 조금만 세심하게 관찰하면 그 사람의 참모습을 어렵지 않게 파악할 수 있다. 나는 관찰을 통해 파악한 정보를 모두 기록해놓는다. 이러한 정보는 그 사람의 참모습을 파악하는 데 도움이 된다. 또한 나중에 다시 만났을 때 대화를 순조롭게 이끌어주는 유용한 소재가 되어 상대방과 관계를 친밀하게 만들어준다.

명함 수첩에 분류표를 붙여라.

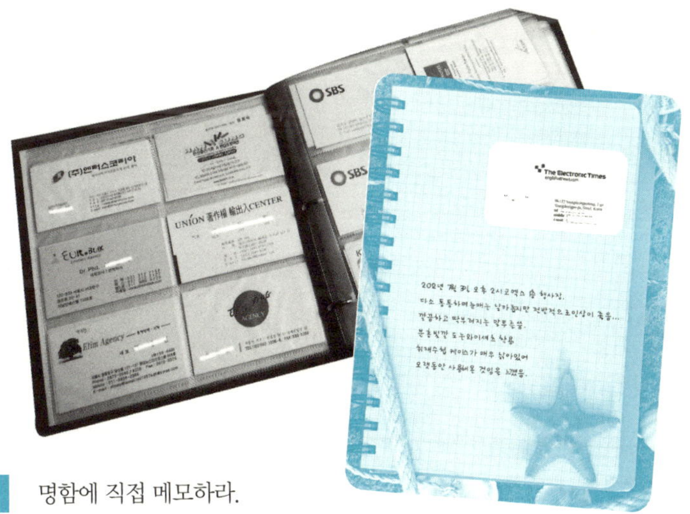

명함에 직접 메모하라.

상대방이 중시하는 것을 공략하라

상대방의 특징과 그가 남긴 강렬한 인상을 기록해놓으면 그 사람을 기억하는 데 큰 도움이 된다. 이것은 명함 노트를 작성하는 첫걸음이다. 이러한 기록은 단순히 사람들에 대한 기억력을 좋게 해줄 뿐만 아니라 그 사람에 대한 더 많은 정보를 제공하여 인맥을 관리할 수 있게 도와준다.

그렇다면 어떤 정보들을 기록해야 할까? 그것은 어떤 정보가 당신의 인맥관리에 도움이 되는지 생각해서 결정한다. 즉, 당신이 인맥을 관리하는 목적이 무엇인가에 따라 달라진다. 가령, 업무 실적을 높이고 싶어서라면 고객이나 업계의 동향에 관한 정보를 쉽게 얻을 루트가 필요하다. 돈을 벌고 싶다면 투자에 관한 정보가 필요하다.

자신에게 필요한 정보 외에도 별도의 부수적 사항을 기록할 필요가 있다. 바로 별자리, 외모 특징, 나이, 체격, 선호 브랜드 등으로 상대방과 빠른 시간에 친밀해질 수 있는 매우 효과적인 정보다.

물론 상대방이 중시하는 것이 무엇인지를 아는 게 훨씬 더 중요하다. 상대방이 필요로 하는 것을 제공하여 당신의 이용 가치를 키우는 것이 빠른 시간 내에 인맥을 쌓는 가장 효과적인 방법이다. 따라서 상대방이 중시하는 게 무엇인지를 파악하는 것은 매우 중요하다. 그 사람이 중요하게 여기는 일에 당신이 직접적으로 영향을 미칠 수 있어야만 상대방에게 꼭 필요한 존재가 될 수 있다.

아마도 당신은 이런 질문을 할 것이다. 사람은 저마다 다른데 무엇을 필요로 하고 무엇을 중시하는지 어떻게 알 수 있냐고 말이다. 사실, 하나도 복잡하지 않다.

수년간의 경험에 비춰보면, 사람들이 중시하는 것들은 크게 사랑, 권력, 돈, 명예로 나눌 수 있다. 즉, 사랑을 최고의 가치로 여기는 이도 있고, 권력 추구를 인생의 목표로 삼는 이도 있고, 돈벌이에만 급급한 이도 있고, 사회적 명성을 중시하는 이도 있다. 또한 자신의 분수에 맞게 소박한 삶을 사는 이도 있다. 이들은 크게 욕심내는 것은 없지만 나름대로 필요로 하는 것은 있다.

이러한 분류를 깨닫고 나면 나중에 새로운 사람과 교류할 때 상대방이 가장 필요로 하는 게 무엇인지, 그 사람이 어떤 부류인지를 쉽게 파악할 수 있다. 이렇게 파악한 상대방의 정보를 기록해두면 상대방이 원하는 것을 신속하게 제공해줄 수 있고 그에 따라 돈독한 관계를 오랫동안 유지할 수 있다.

상대방이 필요로 하는 것을 정확히 이해하라

반드시 상대방이 필요로 하는 것을 제공해야 한다는 점을 꼭 기억해야 한다. 이는 교류하는 사람들의 신상 정보를 반드시 기록해야 하는 이유이기도 하다. 이와 관련하여 나는 과거에 잊지 못할 경험을 한 적이 있다.

언젠가 어느 협회의 행사를 주관한 적이 있다. 홍보 책임자였던 나는 이 행사가 매스컴의 주목을 받을수록 효과적일 것이라고 판단했다. 그래서 여러 방송사에 적극적으로 연락하여 행사 관련 보도를 요청했다. 나의 노력 덕분에 방송사 네댓 군데에서 취재 방문을 왔다. 아마 그 협회의 역대 행사들 중 그처럼 많은 매스컴의 취재 요청을 받은 것은 처음이었을 것이다.

나는 내가 협회에 큰 도움을 줬을 것이라고 생각했다. 당연히 협회 측도 크게 기뻐하며 나를 더욱 신뢰하게 됐을 거라고 기대했다. 그런데 뜻밖에도 협회 회장이 매우 곤혹스럽고 귀찮아하는 태도를 보여 나는 깜짝 놀랐다. 협회 회장의 뜻은 이랬다. 이미 상부에 보고서를 올렸고, 방송사 한두 곳과 간단하게 취재만 하면 끝나는 일이었다. 그런데 갑작스레 여러 방송사에서 한꺼번에 취재를 나오는 통에 보고서를 다시 작성해야 하는 지경에 이르렀다는 것이다.

협회 회장은 사적인 자리에서 이렇게 털어놓았다.

"나는 일이 크게 확대되어 복잡해지는 것은 딱 질색입니다."

한마디로, 적당한 실적을 세우고 예년과 똑같은 수준의 예산만 확보하면 그만이라는 뜻이었다. 그런데 갑자기 여러 매스컴에 보도되면서 사회적인 관심을 받게 되어 작년보다 더 많은 예산이 배당되는 바람에 일이 더 복잡하고 귀찮게 된 것이다. 그가 원하는 것은 매년 고정적인 예산으로 적당한 실적을 채우며 자리를 보전하는 것이었는데 말이다.

그제야 나는 이 세상에 여러 부류의 사람이 있고, 그들이 원하는 것도 제각각이라는 사실을 깨달았다. 세상 사람 모두가 유명해지거나 큰돈을 원하는 것이 아니라 평탄하고 소박한 삶을 원하는 사람도 있다는 것을 말이다.

즉, 내가 좋다고 해서 남도 좋아할 것이라 여겨 무조건 강요한다면 오히려 남을 곤경에 빠뜨릴 수 있다. 따라서 상대방이 무엇을 필요로 하는지를 정확히 파악하는 것은 매우 중요하다. 평소 상대의 일상생활을 관찰하고 대화를 통해 파악한 것을 기록해두면 과거 내가 저질렀던 종류의 실수는 사전에 막을 수 있다. 상대방이 원하지 않는 과도한 배려나 친절로 그 사람을 곤경에 빠뜨리게 되면 인간관계에 적잖은 문제가 생긴다는 점을 잊지 말라.

먼저 상대가 필요로 하는 것이 무엇인지 파악한 뒤에 제공하라

제공하는 것이 너무 적으면 상대방은 당신이 서비스를 제공하고 있음을 인식하지 못할 수 있다.

제공하는 것이 너무 많으면 상대방에게 압력을 주거나 난처하게 만들 수 있다.

상대방이 필요로 하는 것을 적절하게 제공하며 공급과 수요가 균형을 이루도록 한다.

8. 명함관리의 3단계를 파악하면
인맥을 완벽하게 장악할 수 있다

　명함 분류법을 논하기 전에 먼저 나의 명함관리 3단계를 살펴보자. 나는 모든 것을 직접 손으로 써서 기록한다. 명함을 받으면 먼저 A4 용지에 명함을 복사하고 빈 공간에 그 사람과 관련된 정보를 기록한다. 이렇게 하면 복사본 명함이 한 장 생기고, 더불어 상대에 대한 정보를 손쉽게 정리할 수 있다.

　간혹 명함이 없어서 주고받지 못한 경우가 있다. 이때를 대비해서 나는 명함 크기만 한 카드를 준비해 가지고 다닌다. 그 카드에 상대방의 연락처, 직업, 직책 등을 기록하여 아예 그 사람의 명함을 만드는 것이다. 그렇게 하면 명함을 못 받아 그 사람과 연락하지 못하는 불상사를 미리 막을 수 있다.

　그 밖에 비교적 자주 연락하는 중요한 사람을 위해서 특별히 만든 표를 항상 몸에 지니고 다닌다. 그 사람의 이름, 연락처, 간단한 정보를 기입해서 만든 이른바 인맥 이력표인데, 항상 갖고 다니면서 필요할 때 언제든지 꺼내 쓸 수 있게 대비한다. 그렇게 하면 연락처를 입력해둔 노트북이나 휴대전화가 갑자기 고장 나도 당황스럽지 않다.

명함은 반드시 계획적으로 관리해야 한다. 명함 한 장 한 장이 새로운 사업 기회와 유기적으로 연결되거나 혹은 미래 인생에 도움이 될 수 있도록 해야 한다.

인간의 기억은 한계가 있다. 문자로 기록해야만 영원히 보존할 수 있다. 첫 만남에서 당신이 파악한 상대방의 특징을 기록해놓으면 말실수나 좋은 사업 기회를 놓치는 실수를 피할 수 있다. 또한 정리해놓은 기록 덕분에 오랜 시간이 지난 뒤에 다시 만나도 상대방과 공통된 화제로 대화를 이끌 수 있다. 이렇게 하면 상대방에게 깊은 인상과 호감을 심어주고, 더 나아가 신뢰감을 얻을 수 있다.

1단계 : 명함을 받으면, 상대방의 첫인상이나 특징을 간략하게 메모하라.

* **적용 대상** : 처음으로 만난 사람.

* **특색** : 처음 만나서 명함을 주고받은 뒤 곧바로 기록하라.

* **방식** : 한마디로 명함에 메모하는 식이다. 그 사람과 간단

하게 주고받은 말들을 약 1분 동안 재빨리 간략하게 기록
한다.

* **내용** : 처음 만난 날짜, 장소, 모임, 외모 특징, 별자리, 혈
액형, 대화 내용, 그날 입은 옷의 특징, 직책 등을 간략하
게 기록한다.

1단계 : 명함 기록법 공백 부분에 사람, 용건, 시간, 장소 등 보충 정보를 간
단하게 기록하여 나중에 기억하기 쉽도록 한다. 상대방이 명함이 없어서 받
지 못했다면 당신이 그 사람의 명함을 한 장 만들어라!

**2단계 : 명함 노트를 만들어 상대방에 대한 느낌을 좀 더
자세히 기록한다.**

* **적용 대상** : 두 차례 이상 만난 사람.

* **특색** : 명함에 메모한 것을 한층 보완하는 단계다. 처음 주
고받았던 이야기 외에 상대방에 대한 인상을 기록한다.

* **방식** : A4 혹은 A5 용지에 명함을 복사한 뒤 빈 공간에 기
록한다.

* **내용** : 매번 만나는 시간, 장소, 상대방에 대한 인상, 느낌
등을 기록한다.

2단계 : 명함 노트 우선 명함을 꽂는다

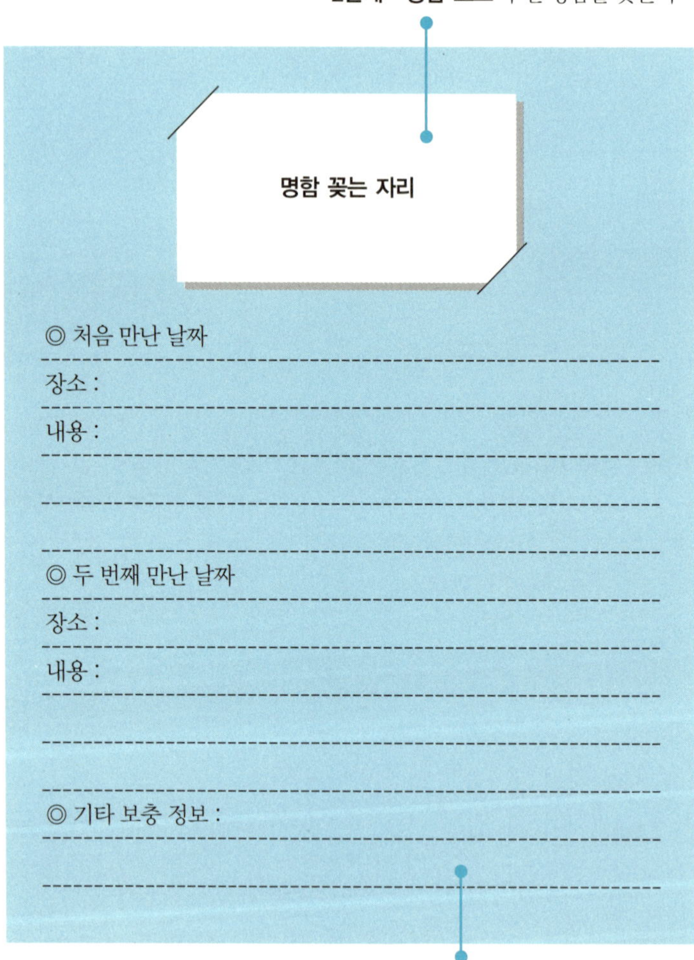

명함에 누락된 정보를 보충해서 기록한다.
ps. A4~A5 크기

* **적용 대상** : 세 차례 이상 만난 사람.

* **특색** : 인맥 이력표에 상대방의 특징과 관련 정보를 비교적 상세하게 기록한다. '5분 속성 열람법' 혹은 '빈칸 채우기' 중에서 자유롭게 하나를 선택한다.

* **방식** : 다음에 첨부한 표식을 복사해서 사용할 수 있다.

* **내용** : 그 사람에 관한 기본 자료, 직책, 외모에서 풍기는 분위기, 성격, 둘만의 긴밀한 비밀, 개인생활 관련 자료.

인맥 기록의 3단계

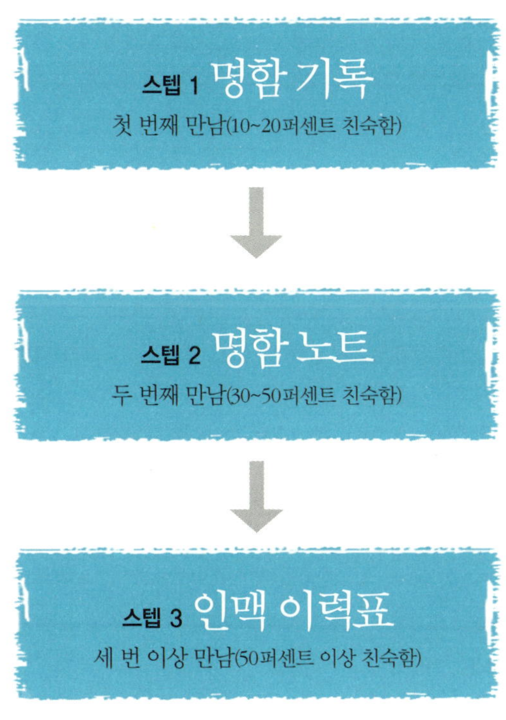

3단계 : 인맥 이력표(작성 요령)

- 상대방의 기본 정보와 명함 내용을 정확하게 기재한다.
- 상대방의 회사, 산업 유형, 전화번호, 휴대전화 번호, 이메일 등 모든 기본 정보를 정확하게 파악한다. 이 정보를 명확하게 이해할수록 상대방의 업무 내용과 연락방식을 정확하게 파악할 수 있다.
- 상대방의 직책과 업무 내용을 잘 이해하고 있으면 당신에게 도움을 줄 정확한 상대를 쉽고 빠르게 찾을 수 있다.

- 상대방의 직책과 업무 내용을 명확히 이해하면 직장에서의 그 사람의 야심이나 장래 목표를 엿볼 수 있다.
- 상호 신뢰 구축과 활발한 교류를 통해 우정을 쌓는다. 상대방의 직책이나 업무 내용 혹은 실적 달성 목표를 파악하고, 그 사람이 중시하는 일을 기록한다. 업무 태도, 신용도, 책임감, 언행일치 등을 관찰하여 상대방이 돈독한 친분관계를 유지할 만한 사람인지 판단한다.
- 평소 친한 친구라도 막상 시련이 닥쳤을 때 모른 척 외면하는 사람이 있다. 당신 인생에서 상대방이 어떤 역할을 할 사람인지 살펴보라. 당신의 시련을 자신의 일처럼 여기며 도와줄 만한지는 상대방의 성격이나 일을 처리하는 태도 등에서 실마리를 찾을 수 있다.

- 외모는 내면 성격의 표출이라고 할 수 있다. 물론 화려하고 고급스러운 의상으로 자신을 좀 더 멋있고 품위 있게 포장할 수 있다. 하지만 자세히 살펴보면 그 사람의 겉모습에 감춰진 실체를 파악할 수 있다. 사람의 기질이나 속성은 제아무리 꾸며도 결코 감출 수 없는 법이다.
- 휴대전화를 바지 뒷주머니에 아무렇게나 구겨 넣고 다니는 남성들이

있다. 그것만 봐도 꾸미기에 관심이 없거나 미적 감각이 부족하다는 것을 알 수 있다.

● 패션 감각을 자랑하고 싶어 안달이 난 것처럼 유행하는 패션은 무조건 따라하거나 온몸을 명품으로 휘감은 사람이 있다. 이는 대개 부족한 자신감을 감추는 위장술인 경우가 많다.

스텝 4 : 내적 성격 탐색

● '열 길 물속은 알아도 한 길 사람 속은 모른다'는 말이 있지만 사람은 크게 몇 가지 유형으로 분류된다. 가령 사랑을 최고의 가치로 여기는 사람, 혹은 돈, 권력, 명성을 인생의 목표로 여기는 사람들이 있다.

● 그 밖에 명성과 이익 따위에는 관심이 없는 사람도 있다. 이들은 일을 하는 데서도 특별한 야심이나 열정이 없기 때문에 연장 근무나 야근은 하지 않는다.

● 사람을 유형별로 분류한 뒤에는 각자의 특성에 맞는 맞춤 서비스를 제공하라.

스텝 5 : 판도라의 비밀을 파헤치다

한 겹 한 겹 벗겨서 가장 깊은 곳에 숨어 있는 인성의 본모습을 파헤친다. 평소 우리는 남들에게 자신의 가장 좋고 아름다운 모습만 보여주려고 노력한다. 하지만 사소한 행동이나 말투에서 본모습은 무의식중에 튀어나오게 마련이다. 상대방의 행동을 자세히 살펴보면 그의 본모습을 파악할 수 있다. 이를 흔히 '양파 껍질 벗기기 작전'이라고 한다.

신체 언어	적절한 신체 언어는 좋은 인상을 심어준다. 하지만 첫 번째 만남에서 몸동작이 과장되거나 의식적이든 무의식적이든 부적절한 신체 접촉을 한다면 믿을 만한 사람인지 유심히 살펴볼 필요가 있다. 가령, 세 살짜리 아이가 손짓 발짓하며 말을 하는 모습은 귀엽고 사랑스럽다. 하지만 서른 넘은 성인이 요란하게 손발을 움직이며 말을 하면 경박해 보인다.

헤어스타일	헤어스타일은 개성의 표출이다. 가르마를 조금만 바꿔도 전체 인상이나 느낌이 달라진다. 어깨 위에 비듬이 있는지, 모발 상태가 깨끗한지 등의 여부는 상대방을 관찰하는 데 좋은 참고가 된다.
눈빛	눈빛은 상대방의 마음을 드러내준다. 상대방이 자신감에 차 있는지 두려움에 차 있는지를 눈빛을 통해 알 수 있다. 혹자는 말보다는 눈빛으로 자신의 마음을 전달한다. 마음속의 분노나 성실성, 장난기 등도 눈빛으로 드러난다.
눈가	완벽하게 치장했는데 눈에 눈곱이 끼었다면 그는 겉모양만 중시할 뿐 세세한 부분은 소홀히 하는 스타일이다. 언젠가 유명인사의 홍보 일을 맡은 적이 있었다. 그는 젊고 잘생긴 외모에 학벌도 좋고 돈도 많았다. 업무상 점심시간에 서너 차례 만난 적이 있는데, 그럴 때마다 졸린 눈빛이었고 눈곱이 끼어 있었다. 분명 평소 해가 중천이 되어야 일어나는 사람이 분명했다. 이처럼 사소한 부분을 유심히 관찰해보면 완벽하게 포장한 겉모습 뒤에 감춰진 본모습을 알아낼 수 있다.
코	세련되고 패셔너블하게 꾸민 사람이 아무 데서나 코를 후빈다면 상대방의 평소 태도를 금방 알 수 있다.
치아/입술	멋있게 꾸몄는데 치아가 누렇거나 음식물이 끼어 있거나 혹은 입 냄새가 심한 사람이 있다.
손톱	네일아트로 손톱을 꾸민 이도 있고, 아예 검정 매니큐어를 칠한 이도 있고, 또 손톱의 각질을 그대로 내버려둔 이도 있다. 이처럼 손톱을 깔끔하게 다듬거나 혹은 지저분하게 내버려두거나 또는 새끼손톱을 길게 기르는 모습 등을 통해 상대방의 성격을 파악할 수 있다.

신발	일부 여성들 중에 하이힐만 고집하는 이가 있는데, 이것은 작은 키에 콤플렉스가 있음을 의미한다. 또한 일부 남성들 중에는 말끔하게 차려입은 양복과 대조적으로 지저분한 신발을 신은 모습을 볼 수 있다.
휴대전화 모델/벨소리	아이폰을 사용하는 사람은 명랑하고 유행에 민감한 사람이 많고, HTC나 블랙베리폰을 사용하는 사람은 비즈니스맨일 가능성이 크다. 또한 구형 모델의 휴대전화를 사용하는 사람은 업무상 휴대전화를 사용하는 일이 별로 없거나 혹은 유행을 잘 따르지 않는 사람이다. 벨 소리에 따라서도 상대방을 파악할 수 있다. 종교음악이 나올 경우 독실한 종교인임을 알 수 있고, 최신 유행 음악이 나온다면 그 사람의 기호를 짐작할 수 있다. 트로트가 나올 경우 그 사람의 나이를 짐작할 수 있고, 일반 벨소리가 나올 경우 소박한 성격임을 알 수 있다.
가방	가방 안이 잘 정리되어 있는가? 물건을 찾느라 가방 안을 헤집을 때가 많은가? 지폐는 지갑 안에 반듯하게 잘 넣어져 있는가? 가방도 상대방의 성격을 관찰하는 방법 중 하나다. 명품 가방만 고집하는 이도 있고, 브랜드에 연연하지 않고 실용적인 가방을 즐겨 사용하는 이도 있다.
자동차	언젠가 유명한 미녀 스타를 만난 적이 있다. 참으로 아름다웠는데, 우연히 그녀의 차 안을 들여다보고 나는 깜짝 놀라고 말았다. 값비싼 고급 손목시계를 차고 다니는 그녀는 우아하고 아름다운 미녀였다. 하지만 그녀의 차 안은 쓰레기통을 방불케 했다. 겉과 속이 참 다르다는 느낌을 받았다.
개인 일상 사진	증명사진과 일상생활이 담긴 사진은 전혀 다른 느낌을 준다. 일상 사진을 보면 그 사람의 평상시 성격을 더욱 정확하게 파악할 수 있다.

5분 속성 열람법 : 인맥 이력표

스텝 1 : 기본 정보	
성　명	
성　별	□남성　□여성
생년월일	
실제 나이	년　월　일
추측 나이	
신　장	
체　중	
혈 액 형	□A　□B　□O　□AB
가족 관계	□기혼 □미혼 비고 :
별 자 리	□물병자리 □물고기자리 □양자리 □황소자리 □쌍둥이자리 □게자리 □사자자리 □처녀자리 □천칭자리 □전갈자리 □궁수자리 □염소자리
만남 장소	
주　소	
전　화	
이 메 일	
페이스북	
블 로 그	
최종 학력	□대학 □석사 □박사 □기타＿＿＿＿＿＿
교통수단	□자동차 □오토바이 □대중교통 □자전거
학 교 명	학 과 명　　　　비 고

스텝 2 : 직무 파악							
회 사 명		산업별		직함		근속년수	
담당 업무							
업무 태도	□엄격하다 □전문적이다 □야심이 크다 □안정적인 것을 선호한다 □산만하다 □예상 밖이다 □경험이 풍부하다 □경험이 적다 □기타__________						
조직 구조							
인맥 분류							

스텝 3 : 외적 기질 품격	
체　격	□크다 □중간 □작다 □기타__________
체　형	□뚱뚱한 편 □살짝 뚱뚱한 편 □중간 □약간 마른 편 □마른 편 □기타__________
패션 스타일	□우아하다 □지저분하다 □편안한 일상복 □정장 차림 □세련되다 □고지식하다 □전위적이다 □보수적이다 □명품을 선호한다 □브랜드 로고가 드러나지 않는다 □아메리칸 스타일 □일본 스타일 □잉글리시 스타일 □기타__________
음　성 및 발　음	□고음 □저음 □끌리는 목소리 □굵은 목소리 □가는 목소리 □듣기 좋은 목소리 □표준어 □사투리가 심함 □기타__________
기　질	□여성적 □신사적 □밝다 □우울하다 □학구적 □의리파 □예술가 □촌스럽다 □기타__________

스텝 4 : 내적 성격 탐색	
개　성	□친화력이 있고 예의바르다 □붙임성이 좋다 □교만하다 □거리감을 준다 □허세를 부리지 않는다 □거칠다 □예민하다 □발랄하다 □수줍다 □다방면에 관심이 많다 □은둔형 □기타__________

사 업 심	□ 사업적 야망이 크다 □ 안정적인 것을 선호한다 □ 성실하다 □ 기타___________
언 어 전 달 력	□ 자신감이 넘친다 □ 겁이 많다 □ 표현력이 좋다 □ 말솜씨가 없다 □ 유머러스하다 □ 기타_________
신 뢰 도	□ 신뢰할 만하다 □ 허풍이 심하다 □ 기타_________
성 실 성	□ 행동보다는 말이 앞선다 □ 약속을 잘 지킨다 □ 기타___________
가장 좋아하는 것	
가장 싫어하는 것	
가장 중시하는 것	
가장 하고 싶은 것	
인 격	□ 성격이 안정적이다 □ 정서적으로 불안하다 □ 기타___________
목 표	
스텝 5 : 판도라의 비밀을 파헤치다	
신 체 언 어	□ 신체 언어가 풍부하다 □ 침착하고 조리가 있다 □ 기타___________
헤 어 스 타 일	□ 깔끔하다 □ 비듬이 있다 □ 건조하고 부석거린다 □ 부드럽고 광택이 있다 □ 기타___________
눈 빛	□ 눈빛이 성실하다 □ 눈빛이 불안하다 □ 기타___________
눈 가	□ 눈곱이 끼어 있다 □ 다크서클이 있다 □ 눈가에 주름이 많다 □ 눈가 주름관리를 잘했다 □ 기타______
코	□ 코털이 밖으로 나왔다 □ 블랙 헤드가 많다 □ 코를 잘 후빈다 □ 특별한 특징을 발견하지 못함 □ 기타___
	□ 치열이 가지런하다 □ 치열이 가지런하지 못하다

치 아 / 입 술	□치아가 하얗다 □치아가 누렇다 □치아 교정기를 끼고 있다 □기타________ □입술이 텄다 □입술이 붉고 광택이 있다 □입가나 치아 사이에 음식물이 끼었다 □기타________
손 톱	□네일아트 □투명한 색깔의 매니큐어 □매니큐어를 바르지 않음 □손톱을 깨끗하게 관리하지 않음 □기타________
신 발	□전통 형겊신 □운동화 □유행하는 디자인의 신발 □전형적이며 유행과는 거리가 먼 신발 □가느다란 하이힐 □통굽 신발 □기타________
휴 대 전 화 모 델	□구형 휴대전화 □스마트폰(□아이폰 □HTC □블랙베리폰 □기타________)
벨 소 리	□벨소리가 없다 □벨소리가 있다(□토속음악 □유행가 □종교음악 □기타________)
가 방	□매우 정리가 잘 됨 □중간 정도 정리됨 □마구 흐트러져 물건을 못 찾을 때가 많음 □기타________
자 동 차	**교통수단** □시내버스 □직행버스 □택시 □오토바이 □자전거 □자가용(□국산차 □외제차 □기타________) **청결도** □깨끗함 □차 밖은 깨끗하지만 차 내부는 지저분함 □차 안팎이 지저분함 □낡은 차 □기타____
기 타	

개인 일상 사진
일상생활 사진

과학 기술에 의존하지 말고 직접 기록하라

오늘날 우리는 과학 기술의 문명을 한껏 누리며 살고 있다. 따라서 대부분 페이스북, 스마트폰, 컴퓨터 이메일의 주소록 등을 이용해 명함을 관리한다. 이러한 스마트 기기들이 우리가 간단하게 정보를 관리하는 데 큰 도움을 주는 것은 사실이다. 하지만 때로는 아날로그방식이 훨씬 낫다.

즉, 직접 노트에 글로 써서 기록하는 아날로그방식이 정보관리에는 훨씬 훌륭하다는 뜻이다. 이는 과거 내가 컴퓨터나 스마트폰에 모든 정보를 보관했다가 수차례 낭패를 보고 나서 얻은 결론이다.

가령, 스마트폰을 분실하거나 컴퓨터가 바이러스에 감염되어 프로그램을 다시 깔아야 하거나 인터넷이 연결되지 않는 등 등 예기치 못한 상황이 발생하면 그동안 고생해서 모은 자료를 한순간에 날리기 십상이다. 더욱 한심스러운 일은 어떤 자료를 잃었는지조차 모르다가 막상 필요한 순간이 돼서야 자료가 없어서 허둥거린다는 것이다.

나 역시 이런 일을 여러 차례 반복하면서 본의 아니게 똑같은 사람에게 연락처를 반복해서 묻는 실례를 범했다. 물론 상대방에게 그다지 좋지 못한 인상을 심어준 것은 두말할 필요도 없다. 반면에 직접 글로 써서 기록하면 여러 가지 좋은 점이 있다. 쉽게 정보를 분실할 염려도 없거니와 직접 기록하다 보면 상대방에 대한 정보가 뇌리에 명확하게 각인되어 기억하기가 쉬워진다.

　명함을 정리할 때는 단순히 스마트 기기에 의존하지 말고 펜
으로 정성을 들여 기록해보라.

9. 명함을 등급별로 분류하여
인맥을 관리하라

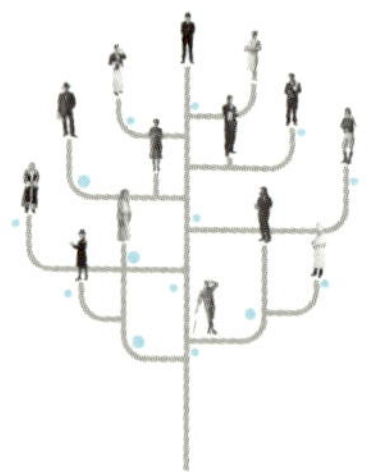

가계부를 쓰는 것이 재산을 모으는 첫걸음이라면, 정기적으로 명함 수첩을 훑어보는 일은 인맥 자원을 관리하고 성공으로 향하는 첫걸음이라고 할 수 있다.

명함 노트를 작성했다면 이젠 명함을 분류해보자. 명함은 중요한 인맥 데이터베이스로, 정기적으로 살펴보고 정리할 필요가 있다. 나는 1년에 여덟 번 정도 명함 수첩을 훑어본다. 그렇게 하면 누구의 자료가 어디에 있는지 눈 감고도 알 수 있을 만큼 머리에 선명히 기억된다.

홍보 업계에 둥지를 튼 이래로 우리 회사는 줄곧 세계적 명품 브랜드 홍보를 도맡아왔다. 덕분에 명품에 대한 지식도 늘었다. 그래서 인맥을 분류할 때도 명품에 대한 나의 개인적인 기호도를 기준으로 삼았다. 즉, 오랜 시간과 노력을 들여 인맥을 쌓아야 할 부류와 빨리 인맥을 구축해야 할 부류로 나누었다.

그런데 여기서 주의할 점이 있다. 인맥을 분류하는 데서 절대로 직업이나 신분의 귀천을 따지거나 차별해서는 안 된다는 점이다. 등급을 나눠서 분류하는 것은 명함을 좀 더 쉽게 관리하기 위한 하나의 방법에 불과할 뿐임을 잊지 말라.

인생과 깊은 관련이 있는 친밀한 파트너-에르메스급

에르메스급으로 분류된 명함은 모두 내 인생과 밀접한 관계를 가진 이들의 것이다. 가령, 이전에 일했던 회사의 상사나 현재 나의 동업자로서 공동의 목표를 위해 오랜 시간 고군분투하며 의리와 정을 쌓은 사람들이다. 이들과는 끈끈한 신뢰로 맺어져 있고, 표정만 봐도 서로의 생각을 읽을 만큼 친밀하다. 게다가 나는 난관에 부딪히거나 혹은 어떤 투자 사업을 계획할 때 이들 중에 각각 누구의 도움을 받아야 하는지도 잘 알고 있다.

예를 하나 들어보자. 일찍이 나에게 인맥의 중요성을 깨우쳐 준 에르메스급의 친구가 있다. 사진기자였던 그를 처음 만난 것은 약 10년 전 타이다[台達]전자회사에서 주관하는 음악회에서였다. 일반적으로 우리는 사진기자와는 별 교류가 없는 편이다. 그래서 기자 회견장에서 그와 마주칠 일이 매우 드물었다. 이처럼 만남의 횟수가 적은 사람은 대개 미분류급에 포함시킨다. 그런데 그는 달랐다. 우리가 개최하는 행사에 여러 차례 참석하면서 점차 친숙해지기 시작한 것이다. 그는 매스컴의 생리나 미디어를 다루는 요령 등 관련 정보를 많이 알려줬다. 그런 식으로 그는 미분류급에서 점차 코치급, 안나수이급, 버버리급을 거쳐 마침내 에르메스급의 친구가 되었다. 그 사진기자처럼 단계를 거쳐 친밀한 관계가 된 사례는 매우 드물다.

때로는 '한 사람의 인맥'이 '한 그룹의 인맥'을 대표하기도 한다. 그 사람이 속한 그룹 전체와 인맥을 쌓을 수 있기 때문이다. 나는 이런 부류의 사람을 반드시 에르메스급으로 분류한다.

적극적으로 인맥을 쌓아야 하는 상대-루이비통급

루이비통급으로 분류한 사람은 현재 내가 가장 좋아하거나 가장 교류하고 싶은 사람, 혹은 지금의 내 업무에 매우 큰 도움이 되는 이들이다. 가령, 현재 계약을 맺은 고객이나 우리 회사의 업무와 관련 있는 언론 매체의 담당자, 기자 등등이다. 이들 중에는 친숙한 사람도 있고, 그저 안면만 익힌 사람도 있다. 아무튼 루이비통급으로 분류한 사람은 빠른 시일 내에 친목을 다져서 돈독한 관계를 만들어야 하는 대상이다.

이들은 나의 업무나 생활에 밀접한 영향을 미치는 위치에 있기 때문에 그들이 나의 가치를 인정할 수 있도록 노력해야 한다. 동시에 이들과의 인맥을 관리하는 데도 각별히 신경 써야 한다. 나는 루이비통급의 사람들과는 최소 1주일에 한 번 연락하며 지낸다. 특별한 용무가 없어도 핑곗거리를 찾아 상대방과 잦은 교류를 가지려고 애쓴다. 또한 연말에는 연하장을 보내는데, 나의 진심이 전해지도록 정성스레 만든 카드를 사용한다.

매월 정기적으로 연락을 하는 상대-버버리급

버버리급으로 분류한 사람도 나에게는 매우 중요한 대상이다. 단지 서둘러 친분을 쌓을 정도가 아닐 뿐이다. 서로 간에 이미 기본적인 신뢰가 구축되어 있기 때문에 조금만 더 진심으로 다가가면 쉽게 친해질 수 있는 사이다.

나는 버버리급의 사람들과는 한 달에 최소한 한 번은 연락한다. 연말에는 연하장을 보내는데, 비교적 가볍고 즐거운 내용을 담아 친근감을 유지할 수 있도록 애쓴다.

우정으로 이어진 잠재적 고객-안나수이급

안나수이급은 오랫동안 교류를 꾸준히 하고 있지만 그다지 친숙하지 않으며, 굳이 서둘러 친분을 쌓을 정도는 아니다. 가령, 홍보 업무를 우리 회사에 의뢰할 예정이지만 예산이 없어 정식으로 진행하고 있지 않은 잠재적 고객 혹은 이제 막 우리 회사와 협력관계를 끝낸 파트너로서 앞으로도 협업할 가능성이 있는 대상이다.

나는 안나수이급의 사람들과는 석 달에 한 번씩, 인터넷 메신저나 페이스북, 이메일을 통해 연락을 주고받는다. 비록 적극적인 교류는 없지만 우리 사이에 우정이 건재하고 있음을 알리면서 동시에 나의 존재를 각인시키는 것이다.

간단한 인사말을 주고받으며
꾸준히 친분관계를 유지하는 상대–코치급

코치급으로 분류한 사람은 오랫동안 친분을 꾸준히 유지하는 사람이다. 당장 2, 3년 안에는 특별히 업무적 교류는 없겠지만 언젠가는 반드시 업무상 왕래가 있을 사람이다.

인맥을 관리하는 것은 단기전이 아니라 장기전이다. 지금 당장의 필요에 따라 사람들과 교류를 하게 되면 필요할 때만 친분을 들먹이는 계산적인 사람으로 의심받아 신뢰를 잃기 쉽다. 그래서 나는 지금 당장 거래할 일이 없어도 언젠가는 반드시 협업하게 될 사람을 코치급으로 분류하여 꾸준히 연락을 취한다.

이들과는 주로 이메일이나 페이스북으로 연락을 주고받으며, 간혹 인터넷 메신저를 이용한다. 연말에는 축하 인사를 담은 문자메시지를 보내는 정도다.

미분류급은 현재 기회는 없지만 언젠가는 서로에게 도움이 될 만한 사람이다. 그래서 최소한의 예의로 연말이면 축하의 문자메시지 정도를 주고받는다.

미분류급이라고 나에게 중요하지 않은 사람이라는 뜻은 아니다. 언젠가는 도움이 될 만한 사람이라고 판단했기에 지속적인 교류를 유지하려는 것이다. 때문에 미분류급이라고 해서 방치하거나 기본적인 연락을 끊어서는 안 된다.

명함 분류를 수시로 조정하라

이러한 분류는 절대로 고정적인 것이 아니다. 오늘 받은 명함을 집으로 가져와 등급별로 분류하면 그것으로 끝이라고 생각해서는 안 된다. 사람이 살아 움직이듯 인맥도 끊임없이 변화한다. 따라서 명함을 분류한 뒤에는 정기적으로 점검하며 수시로 등급을 조정해야 한다. 나 역시 1년에 네 번은 꼭 명함을 재분류한다.

예전에 분류해놓은 명함을 다시 꺼내 살펴보면 등급을 다시 조정해야 하는 사람들이 있게 마련이다. 상대방의 직장이나 직책이 바뀌어서 그 사람의 중요성이 더 커지거나 혹은 상대방에 대한 필요성이 줄어들거나 하는 경우다.

예컨대 과거 명품 브랜드 홍보 업무를 진행할 때는 패션 잡지 기자들이 나에게는 매우 중요한 인맥이었다. 그러나 나중에 식품 관련 홍보 업무를 진행하게 되자 이제는 식품 관련 뉴스를 전문으로 하는 식품 기자들이 매우 중요한 인맥이 되었다. 이처럼 명함 분류는 매우 유동적이어서 끊임없이 변화한다. 이 때문에 절대로 명함을 기록하고 분류한 것만으로 명함관리를 끝내서는 안 된다.

명함 분류는 우리가 정한 목표를 달성하기 위해 노력하는 데 도움을 준다. 만일 정기적으로 명함을 점검하고 재분류하지 않으면 자신이 목표를 어느 정도 달성했는지조차 파악할 수 없으며, 사람들과의 교류의 범위나 강약을 조절할 수가 없다. 애써 명함을 정리하여 기록했던 모든 일이 허사가 되는 것이다.

그러므로 명함 분류는 수시로 점검하며 재조정해야 한다. 그래야만 명함 노트가 성공의 밑천이 될 수 있다!

인맥이 돌고 돌지 않으면 점점 썩은 물처럼 변한다. 항상 인맥에 관심을 갖고 신경을 써야 광천수처럼 생명력을 가진다.

명함 분류법 설명도–인맥은 돌고 돈다

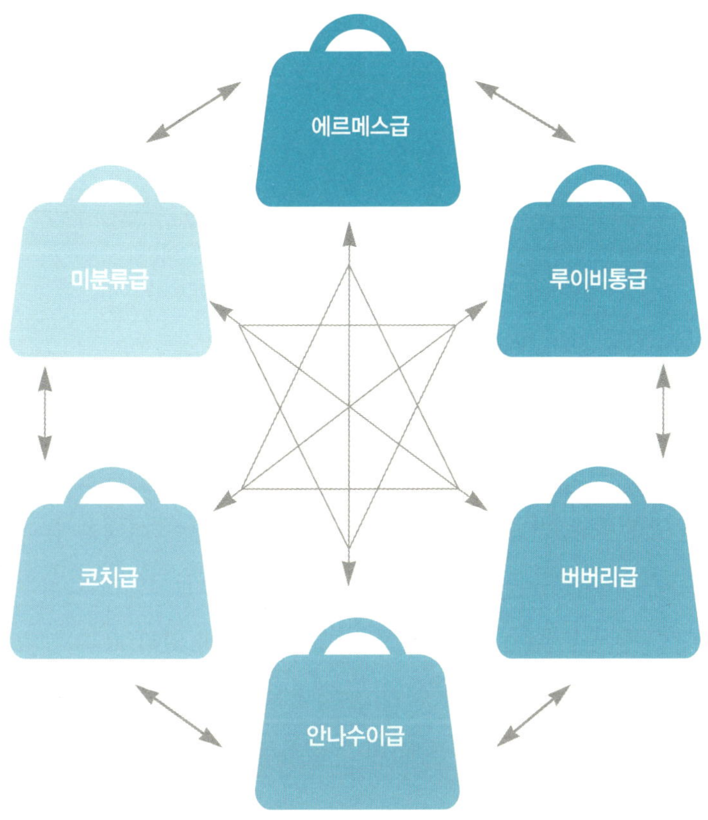

나는 인맥을 분류할 때 명품에 대한 개인적인 기호도를 기준으로 삼았다. 당신도 개인적으로 관심을 갖고 있는 것을 기준으로 삼아 분류해보라. 가령 자동차 브랜드별, 호텔 등급별, 무지개 색상별 등 다양한 방법을 활용하여 분류할 수 있다.

10. 명함 분류를 통해
원하는 고객을 찾아라

명함 노트를 작성하고 분류하는 방법에 관한 설명을 듣다 보면 의구심도 들 것이다. 이 방법으로 과연 실생활에 효과적으로 활용할 수 있을까 하고 말이다. 물론 당연히 효과가 있다. 그렇지 않다면 내가 왜 여전히 명함 기록에 정성을 기울이며, 또한 명함 노트를 통해 내가 원하는 고객을 찾아낼 수 있겠는가?

4년 전쯤의 일이다. 백화점으로 쇼핑을 나간 나는 우연히 스위스 친환경 물병 지그 매장에서 발길을 멈췄다. 화려한 색상에 다채롭고 귀여운 디자인의 물병이 내 시선을 사로잡은 것이다. 순간 저 물병의 홍보 일을 맡는다면 회사 인지도를 높이는 데 큰 도움이 되겠다는 생각이 들었다.

나는 그 물병을 루이비통급으로 분류한 뒤 그 회사의 홍보 책임자와 접촉하기 위해 다방면으로 노력을 기울였다. 과연 노력한 보람이 있어서 마침내 홍보 책임자를 만날 기회가 생겼다.

당시 나는 아동용 레인코트와 레인부츠를 생산하는 기업의 홍보를 맡고 있었다. 그 고객을 위해 제품 홍보의 일환으로 아동 캐릭터 브랜드를 탐구하는 프로그램 기획안을 작성하여 방송을 성사시켰다. 나는 방송이 지나치게 일부 상품의 홍보에 상업적으로 치우친다는 비평을 피하기 위해 여러 아동 캐릭터 브랜드를 함께 참여시킬 계획을 세웠다. 이때 떠오른 것이 바로 지그 물병 회사였다. 나는 지그 물병 유통 업체 책임자에게 연락을 해, 순수한 서비스 차원에서 무료로 TV 홍보를 도와줄 테니 방송 당일 방청객을 위한 증정품을 제공해달라고 제안했다.

상대방은 나의 제안을 흔쾌히 수락했다. 그 프로그램 방송을 계기로 우리는 한층 돈독한 관계를 맺게 되었다. 지그 물병 유통 업체와 홍보대행 계약을 성사시킬지도 모른다고 내심 기대하고 있던 나는 우연히 그 회사에 당분간 제품 홍보 계획이 없다는 사실을 알게 되었다. 그래서 그 유통 업체와의 관계를 루이비통급에서 버버리급으로 하향 조정했다.

더 시간이 흘렀을 때 나는 그 유통 업체가 제품 홍보 자체에 그다지 관심이 없다는 사실을 알게 되었다. 그래서 유통 업체 책임자 명함을 버버리급에서 코치급으로 다시 하향 조정하여 분류했다.

그런데 얼마 지나지 않아 그 유통 업체 책임자가 갑작스런 제안을 해왔다. 40만 위안의 예산 범위에서 좋은 홍보 기획안을 마련해보라는 것이었다. 순간 그 사람의 중요도가 높아지자 나는 그를 루이비통급으로 상향 조정했다. 그러나 세 차례에 걸쳐 기획안을 보냈지만 승인이 떨어지지 않았다. 결국 그 유통 업체 책임자는 안나수이급으로 분류되었고 인터넷 메신저로 형식적이지만 꾸준히 연락을 취하는 정도가 되었다.

그런데 그 후 미국의 유명 브랜드로 세련되고 감각적인 디자인을 자랑하던 지그 물병의 유통 업체에 위기가 찾아왔다. 오해로 빚어진 일로 지그 물병 회사에 앙심을 품은 고객이 인터넷에 지그 물병 제품을 비방하는 소문을 퍼뜨린 것이다. 소문은 일파만파 퍼져서 급기야 신문에까지 보도되면서 회사 이미지가 순식간에 땅으로 떨어져 막대한 손실을 입게 되었다. 다행히 그때까지도 나는 그 업체 책임자와 꾸준히 연락하고 있었다. 그래서인지 발등에 불이 떨어진 지그 물병의 유통 업체 책임자는 곧장 나에게 연락을 해왔다. 그는 추락한 제품의 이미지를 바로 세울 수 있는 홍보 방안을 문의했다. 나의 명함 분류에서 그는 다시 루이비통급으로 상향 조정되었다.

그와 꾸준히 연락을 하며 교류를 한 지 4년 만에 마침내 그는 우리 회사의 고객이 되었다. 오해로 인해 발생한 고객 유실과 제품 이미지 실추에서 탈피하기 위한 홍보 활동을 정식으로 의뢰한 것이다. 이처럼 의지만 있다면 비록 오랜 시간이 걸려도 결국에는 기회를 얻을 수 있다.

그러니 지금 당장 명함 노트를 펼치고 당신을 도와줄 인맥 이력표를 만들어보라! 중요도에 따라 교류 활동을 펼칠 목표와 대상을 분류하라. 일단 목표로 세운 인맥은 반드시 자신의 것으로 만들 수 있다.

인맥 이동 사례(지그 물병)

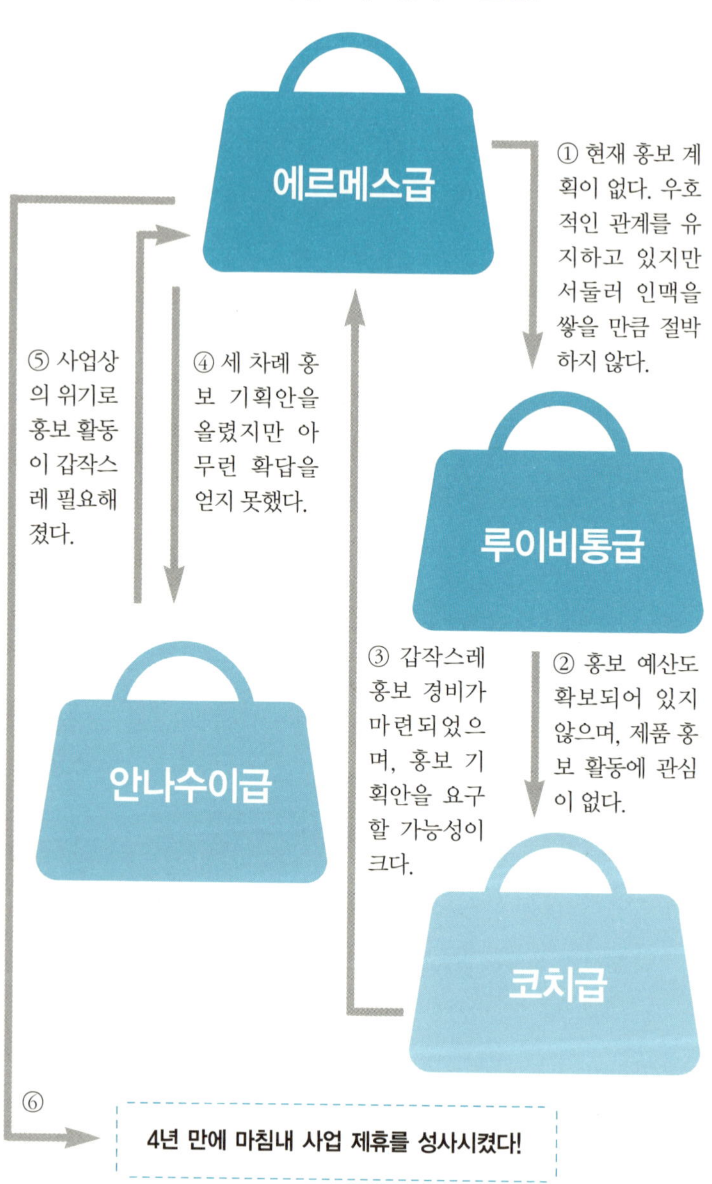

에르메스급
루이비통급
안나수이급
코치급
① 현재 홍보 계획이 없다. 우호적인 관계를 유지하고 있지만 서둘러 인맥을 쌓을 만큼 절박하지 않다.
② 홍보 예산도 확보되어 있지 않으며, 제품 홍보 활동에 관심이 없다.
③ 갑작스레 홍보 경비가 마련되었으며, 홍보 기획안을 요구할 가능성이 크다.
④ 세 차례 홍보 기획안을 올렸지만 아무런 확답을 얻지 못했다.
⑤ 사업상의 위기로 홍보 활동이 갑작스레 필요해졌다.
⑥
4년 만에 마침내 사업 제휴를 성사시켰다!

두 번째 노트 정리와 복습

❖ 명함 교환은 인맥 쌓기의 첫걸음이다. 명함의 기본 정보를 파악한 뒤 상대와의 대화 내용을 간략하게 기록하면서 그의 특징을 관찰하면 기억하는 데 큰 도움이 된다.

❖ 상대방과 두세 차례 만난 뒤에는 '명함 노트'를 작성하고 '인맥 이력표'를 만들어라. 그 사람에 관한 내용을 좀 더 상세히 기록하고 이를 토대로 성격을 분석하면 훗날 도움이 된다.

❖ 상대방에 관한 정보를 기록하는 데서 끝나면 안 된다. 그의 변동 사항을 수시로 점검하고 보완해야 한다. 그래야 적절한 순간에 인맥을 통해 사업의 성공을 거둘 수 있다.

적을 만들지 않는 인간관계의 비밀

인맥 쌓기의 지름길

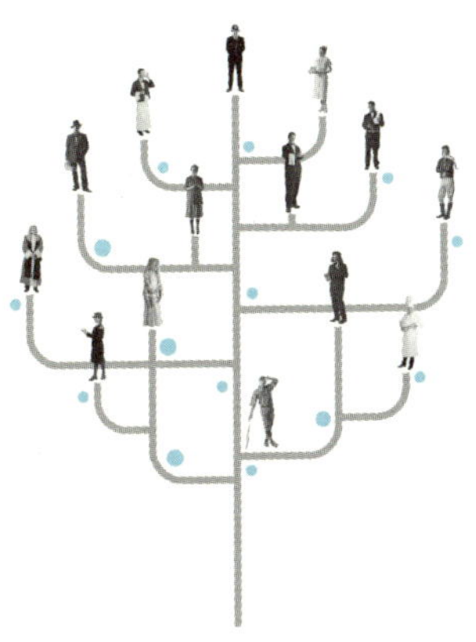

인맥을 쌓을 때는 상대와 공통된 화제를 이용한다. 또한 자신의 장점을 활용해 상대방에게 정보나 이점을 제공하면 상호 교류 기회가 부쩍 늘어나게 마련이다. 인맥을 쌓는 데도 꼼꼼하고 치밀한 계획이 필요하다. 다양한 사람들과 적극적으로 교류하면서 친목관계를 도모해야 하며, 자신에게 가장 익숙한 생활권부터 시작하여 점차 교류 범위를 확대하여 광범위한 인맥을 구축해야 한다.

11. 인맥의 지름길에 들어서기 전에
먼저 목표를 세워라

무슨 일이든 짧은 시간에 성공을 거두기 위해서는 치밀한 계획이 필요하다. 인맥을 넓히는 것도 마찬가지다. 인맥 네트워크를 구축하고 싶다면 타성에 젖어서도, 게을러서도 안 된다. 중요한 프로젝트를 수행하는 것과 마찬가지로 계획적이고 치밀하게 준비해서 실천에 옮겨야 한다. 만일 친구 사귀는 일을 인생에서 가장 중요한 일로 여기고 진지하게 임한다면, 그 방법이 틀리지 않는 이상 당신은 성공을 거머쥘 수 있다.

홍보대행 전문가인 나는 업무상의 필요로 인맥을 활용할 기회가 매우 많다. 특히 홍보 업체에서 5년을 활동한 뒤 '기업 브랜드 이미지 운영과 이슈의 관리'라는 나만의 전문 분야를 정했을 때는 더더욱 그러했다. 이 분야의 개척에서는 무엇보다도 방송과 언론 매체 종사자들의 인맥이 대단히 중요하다. 기자들과 관계를 돈독히 하면 언론 매체에 홍보를 의뢰하거나 관련 이슈를 발표하는 데도 상당히 이롭다. 그뿐만 아니라 내가 제공한 뉴스 소스에 문제가 있다면 친한 기자들과 함께 의논하여 좀 더 좋은 내용으로 보완할 수 있다.

그래서 나는 기자들과 친분을 쌓는 일을 중요 목표로 삼고 꼼꼼하게 계획표를 만들었다. 매달 새로운 기자 두 명씩을 사귀기로 정했는데, 이들과는 단순한 친분관계에만 머물지 않았다. 내가 홍보 활동에 필요한 이슈를 발표할 때마다 기자 회견장에 꼬박꼬박 참석해주고, 또 여러 기자에게 입소문도 퍼뜨려 줄 수 있는 동지로 만들기 위해 노력했다.

인맥도 돈독한 친구로 만들 수 있다

계획을 세운 뒤 나는 차근차근 행동으로 옮겼다. 마침 방송국에 근무하는 에르메스급 친구가 있어서 공적이든 사적이든 기자들과 어울리는 일이 많아졌다. 기자들 모임에 자주 참석하여 그들과 교류하면서 비교적 짧은 시간에 인맥을 넓힐 수 있었다. 나는 새로운 기자를 알게 될 때마다 나의 계획표에 간단한 기록을 했다. 적절하게 시간을 안배하여 친구를 몇 명 사귀는지 주기적으로 체크하며 나의 목표량을 채워나갔다. 얼마 지나지 않아 나는 상당히 많은 기자 친구를 사귀게 되었다.

그렇게 반년이 지나자, 방송국마다 기자 한두 명과는 친한 친구 사이가 되었다. 덕분에 매스컴의 생리를 파악하게 되었고, 홍보 활동에 도움을 줄 사람도 쉽게 찾을 수 있었다. 또한 기자회견을 개최하거나 이슈를 발표할 때도 그들의 도움을 받을 수 있었다.

자신에게 도움이 될 인맥 네트워크를 구축할 때는 먼저 계획표를 작성하라! 그다음 계획표에 정해진 기한에 맞춰 사람들을 만나고 돈독한 관계를 만들어가면서 인맥의 범위를 넓혀라. 이렇게 하면 짧게는 반년, 길게는 1년 안에 자신에게 도움이 되는 중요한 인맥 네트워크를 만들 수 있다.

얼마나 많은 사람과 교류하며 친분을 쌓아야 할까?

당신의 생각 • 억지로 사람들과 친분을 쌓을 필요 없이 기분 내키는 대로 만난다. 사람은 많을수록 좋으니 무조건 많은 사람과 교류한다.

올바른 생각 • 계획표에 정한 목표량에 맞춰 사람들과 친분을 쌓는다.

12. 중요한 모임을 찾아내 인맥을 넓히는 기회로 활용하라

아마 당신은 이런 질문을 할 것이다. 내가 수많은 기자를 수월하게 친구로 만들 수 있었던 것은 애초 방송국에 에르메스급 친구가 있었기에 가능했다고 말이다. 혹은 나의 직업 자체가 홍보대행 업무이기에 수많은 사람을 사귈 수 있는 친목 모임이나 기회를 쉽게 얻을 수 있었다고……. 물론 틀린 말은 아니다. 그러나 친목 모임이나 기회는 저절로 찾아오는 것이 아니다. 내가 직접 두 발로 뛰어다니며 쟁취한 것들이다.

사회 초년생일 때 나는 아무런 인맥이 없었다. 당시 나는 영업직에서 일했는데, 모두 알다시피 영업직은 인맥이 넓으면 넓을수록 도움이 되는 직업이었다. 그런데 공교롭게도 아무런 인맥이 없던 나는 도대체 어디를 가야 도움을 받을 영향력 있는

"

사람을 만날 수 있을지 막막하기만 했다.

강연회장은 인맥의 보고

중요한 인물이 자주 등장하는 곳은 바로 강연회장이다. 처음 홍보 업계에 뛰어들었을 때 나는 홍보 관련 책, 잡지, 신문을 열심히 읽으면서 업무에 필요한 정보를 얻었다. 다방면의 책을 읽으면서 시장을 분석하고, 나와 견해가 비슷한 전문가의 글을 읽으면서 그 사람에 대한 정보를 수집했다. 더불어 그의 강연회장도 적극적으로 찾아다녔다. 거의 주말마다 빠지지 않고 이곳저곳 강연회장을 찾아다닐 정도였다. 심지어 평일에도 퇴근 후 저녁 시간을 쪼개 강연회장을 찾아갔다. 인생이든 전공 분야든 그 사람의 날카롭고 전문적인 견해를 열심히 듣고, 또 직접 인사를 나누며 안면을 텄다.

목표를 정해서
올바른 방향으로 나아간다.

　그렇다면 나는 어떻게 강연회에 참석한 수많은 사람을 제치고 강연자와 친분을 다질 수 있었을까?

　스타를 쫓아다니는 열성팬처럼 강연자의 사인을 받기 위해 줄을 서고, 기념사진을 찍어달라고 요청만 해서는 강연자에게 그 어떤 인상도 심어줄 수 없다. 하지만 당신이 그 강연자와 견해가 같은 데다 협력할 의향이 있다는 사실을 충분히 전달한다면? 그는 당신에게 깊은 인상을 받고 반드시 먼저 연락해올 것이다.

　이것이 바로 인간의 본성이다. 사람은 누구나 자신의 사업을 키워 성공하고 싶고, 사회적으로 더 유명한 사람이 되고 싶어 한다. 특히 유명인사의 경우는 더욱 그러하다.

　그래서 나는 강연회에 참석했을 때, 강연자에게 사인을 받기 위해 늘어선 사람들이 뿔뿔이 흩어질 때까지 기다렸다가 비로소 다가간다. 명함을 건네고 나의 직업을 설명하면서 도움을 주고 싶다고 말한다. 즉, 첫 번째 만남에서 호의적인 인상을 심어주는 것이다. 그러면 강연자는 좋은 인상을 받을 뿐만 아니라 대개 자발적으로 개인 연락처를 알려준다. 설사 직접적인 전화번호는 알려주지 않더라도 최소한 이메일이나 페이스북, 혹은 블로그 주소를 알려준다. 첫 만남이 상당히 순조롭게 출발하는 셈이다.

　구어(口語) 전문가 다이천즈[戴晨志]와도 바로 이 방법으로 인맥을 쌓았다. 당시 나는 이미 홍보대행 업체를 운영하고 있었다. 업무 특성상 우리 회사는 종종 기자회견이나 강연회를 개최했는데, 다이천즈 같은 전문가의 도움이 필요했다. 평소 친분이 없었던 나는 매번 그의 비서를 통해 접촉을 시도했지만 도무지 아무런 회답이 없었다. 그래서 아예 다이천즈와 친구가 되기로 마음먹었다.

먼저 인터넷에서 다이천즈의 강연회 일정을 검색한 뒤 그의 강연회에 참석했다. 강연이 끝나고 다이천즈에게 사인과 기념 사진을 부탁하는 청중이 모두 사라지고 난 뒤 그에게 다가가 명함을 건넸다.

"저는 홍보대행 전문 업체를 운영하고 있습니다. 오래전부터 선생님을 뵙고 싶었습니다. 선생님과 함께 강연회와 책 출간을 기획하고 싶은데요. 관심이 있으면 연락주세요."

다이천즈는 내 명함을 관심 있게 살펴본 뒤 자신의 명함을 건넸다. 우리는 이런저런 이야기를 나누기 시작했고, 그 일을 계기로 친분을 다질 수 있었다.

그렇다. 흔히 유명인사들은 워낙 사회적 지위도 높고 바빠서 감히 만날 기회조차 얻을 수 없다고 자포자기하는 사람이 많다. 그러나 그것은 변명에 불과하다. 유명인사를 만날 기회가 없는 것이 아니라, 그 기회를 만들지 못할 뿐이다. 강연회는 당신의 인맥을 넓힐 수 있는 보고다. 그러니 머뭇거리지 말고 당장 그곳에 가서 인맥의 보물을 캐라.

동호회 가입도 인맥을 넓히는 좋은 방법

강연회는 유명인사와 친분을 쌓을 수 있는 최고의 장소다. 그런데 굳이 유명인사까지는 바라지 않고 그저 보통 사람들과 인맥을 넓히고 싶다면 어떤 방법이 좋을까? 먼저 당신이 어떤 부류와 우정을 키우고 친분을 쌓고 싶은지 되돌아보라. 그다음에는 그런 부류가 자주 모이는 모임이나 장소 또는 동호회를 찾아가면 된다.

구태의연해 보이지만 우정을 쌓고 인맥을 넓히는 데는 이만한 방법도 없다. 나 역시 한때 동호회 활동에 적극적으로 참여하면서 많은 도움을 받았다.

나는 기독교인이기에 매주 안식일을 지키는 것을 매우 중요하게 여긴다. 사람들은 대개 교회에서 만나는 이들을 그저 사적인 친구로만 생각한다. 사업이나 업무에 전혀 도움이 되지 않는다고 여기는데, 이는 매우 잘못된 생각이다. 오히려 그 반대다. 교회 자체가 이윤 추구나 목적성을 가진 조직이 아니기 때문에 진심을 나눌 수 있고, 상대방이 필요로 할 때 아무런 대가를 바라지 않고 도움의 손길을 흔쾌히 내밀어주는 친구를 사귈 수 있다. 서로에게 경계심이 없고 진심 어린 관심을 베풀기 때문에 짧은 시간에 친밀감을 다질 수 있다. 그래서 나는 교회를 마음을 나누는 곳이라고 생각한다.

게다가 교회에서는 다양한 사람을 만날 수 있다. 이제 막 사회에 발을 디딘 사회 초년생, 사업체를 이끄는 CEO, 평범한 가정주부 등 각계각층의 사람들이 저마다 친목 모임을 만들어 활발한 교류를 한다. 이 얼마나 좋은가? 당신이 사귀고 싶은 계층이 있다면 그 계층의 친목 모임에 참석하면 된다. 신의 왕국에서 우리는 모두 형제자매가 아닌가? 신 또한 우리가 서로서로 도와주는 것을 매우 기뻐할 것이다.

나도 예외는 아니었다. 나는 내 인생에서 큰 도움을 줄 좋은 친구들을 교회에서 많이 사귀었다.

어느 날, 업무상 고객과 함께 방송 녹화를 한 적이 있다. 유명한 작곡가 황궈룬[黃國倫]이 진행하는 〈인생의 승자〉라는 프로그램이었다. 황궈룬이 기독교인이라는 사실을 잘 알고 있던 나는 휴식 시간을 이용해 말을 건넸다. 같은 기독교인이라는 사실이 그와 친분을 쌓고 싶은 욕구를 자극했던 것이다. 과연 우리는 공통의 관심사인 신앙 이야기부터 시작해서 금세 의기투합하였고 허물없이 이야기를 나눌 수 있었다.

마지막에 그는 이렇게 말했다.

"우리 모두 하나님 왕국의 자녀인데 마땅히 서로 도와야지요. 앞으로 내 도움이 필요하면 언제든 연락하세요."

그의 말에 나는 크게 감동하고 말았다.

사실 홍보대행 업체를 이끌다 보면 자주 행사를 개최하는데, 그럴 때마다 연예인들의 참석이 절실하다. 황궈룬의 약속 덕분에 나는 큰 부담을 덜 수 있었다.

낯선 사람을 귀인으로 만드는 방법

낯선 사람들 속에서 친구를 찾아낸다.
현재 가장 사귀고 싶은 사람이 누구인지, 어떤 부류의 친구를 원하는지 곰곰이 생각해보라.

적절한 기회나 모임을 이용하여 상대방과 접촉한다.
강연회장과 동호회 모임은 사람을 사귀는 최적의 장소다.

수단과 방법을 총동원해 명함을 교환한다.
상대방이 필요로 하는 서비스를 제공하며 연락을 유지한다.

명함관리 3단계에 돌입한다.
명함 기록, 명함 노트, 인맥 이력표.

명함을 등급별로 분류한다.
인맥은 수시로 변하기 때문에 정기적으로 검토하며 등급을 조정한다.

귀인이 될 기회가 언젠가는 꼭 찾아온다.
눈앞의 이익에 급급해하지 말고 멀리 내다보라.

13. 전혀 다른 부류와 교류할 때는
상대방에게 맞는 화제를 찾아라

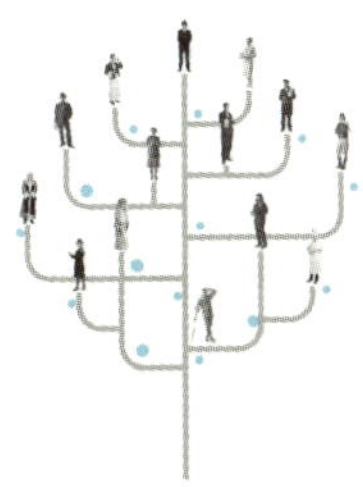

자신과 전혀 다른 부류의 사람과 교류를 할 때는 반드시 대화의 내용을 탄력 있게 조정해야 한다. 서로 일하는 업무도, 살아온 인생 경험도, 흥미나 관심사도 전혀 다르기 때문이다. 그래서 그들에게 맞는 화제로 대화를 나누며 인맥을 쌓아야 한다.

만일 내가 훙하이[鴻海] 그룹의 궈타이밍[郭台銘] 회장을 만날 기회가 생긴다면 주식이나 그 회사의 실적을 주된 화제로 삼을 것이고, 타이다전력회사의 정충화[鄭崇華] 회장을 만나면 절전에 관한 화제를 꺼낼 것이다. 그러면 자신이 오랜 세월 관심을 가졌던 분야이기에 눈을 반짝거리며 관심을 보일 것이다. 또한 유능한 사업가이자 연예인으로 왕성한 활동을 하고 있는 치거

[壽品] 회사의 타오추완정[陶傳正] 회장을 만나면 그가 관심을 갖는 음악이나 희극, 인생에 관한 화제를 꺼낼 것이다.

길을 에둘러 최고 권력자와 접촉하라

인맥관리의 가장 중요한 핵심은 상대방의 직책과 업무 내용을 파악하는 것이다. '지피지기면 백전백승'이라는 말이 있지 않은가? 모든 길은 로마로 통하는 법, 모로 가도 서울만 가면 되는 것이다.

예컨대 사장이나 회장을 만나려면 반드시 비서를 거쳐 미리 말을 전해야 한다고 누가 그랬나? 당신의 명함 노트를 꺼내 살펴보라. 비서를 통하지 않고도 직접 사장을 만날 수 있도록 다리 역할을 해줄 귀인이 있을 것이다.

언젠가 유명 브랜드 에어컨 회사의 회장을 내가 주최하는 홍보 행사에 초빙하려고 했을 때다. 그때 나는 행사 한 달 전부터 그의 비서에게 연락하여 행사 참석 약속을 받으려고 했다. 그런데 1주일 뒤 다시 연락을 하자 비서는 업무가 산더미 같아서 아직 회장에게 보고하지 못했다고 대답했다. 2주일째가 되어 다시 전화를 했더니 이번에는 회장의 스케줄이 너무 빡빡해서 보고를 하지 않았다고 했다. 나는 더 이상 비서의 입만 바라보며 기다릴 수가 없었다.

곧장 명함 노트를 샅샅이 훑어보다 예전에 일했던 어느 회사의 사장과 그 에어컨 회사의 회장이 같은 동호회원이라는 데 생각이 미쳤다. 마침내 순조롭게 에어컨 회사의 회장과 직접 통화할 기회를 얻을 수 있었다. 그것도 불과 두 시간 만에 말이다.

이처럼 때로는 융통성이 필요하다. 또한 사소한 인맥도 소중히 대해야 한다. 언제든지 당신을 위해 기꺼이 도움을 베풀 수 있도록 만들어야 하니까.

최고 결정권자를 만날 때는 만반의 준비를 하라. 당신의 태도가 모든 것을 결정한다

최고 결정권자, 혹은 가장 높은 직책에 있는 사람을 만날 때는 '담담한 미소'와 '의지가 가득한 눈빛', '침착한 태도'가 그 어떤 말보다도 효과적이다. 말을 꺼내기 전의 첫 번째 태도가 당신이 승자가 될지 패자가 될지를 결정한다.

언젠가 리징[力晶] 반도체의 황총런[黃崇仁] 회장에게 우리가 주최하는 연주회 후원을 부탁한 적이 있다. 당시 나는 황 회장과 변호사, 그리고 홍보업체 책임자들이 참석하는 회의를 열 기회가 생겼다. 내심 긴장했지만 침착하게 만반의 준비를 갖추었다. 황 회장과 관련된 최근 수개월 동안의 뉴스 기사를 모조리 살펴보았고, 명함을 챙겼는지, 화장과 옷차림이 점잖고 차분한지 꼼꼼히 체크했다. 그러고는 큰숨을 들이쉬며 나 스스로에게 용기를 북돋워준 뒤 회의실로 들어섰다.

회의가 시작되기 전에 참석자들끼리 명함을 주고받는 시간
이 있었다. 가까이에서 황 회장과 이야기를 나눌 유일한 기회
였다. 나는 황 회장에게 명함을 건네며 간단히 내 소개를 한 뒤
곧장 황 회장 회사의 최근 실적 등 근황에 대한 이야기를 꺼냈
다. 황 회장은 금세 눈빛을 반짝이며 내 이야기에 관심을 가졌
다. 그의 눈빛을 보고 내가 좋은 첫인상을 심어주는 데 성공했
다는 사실을 직감할 수 있었다. 회의가 시작되면서 황 회장은
나의 보고서에 관심을 가지며 직접 여러 가지 질문도 던졌다.
물론 그 뒤 황 회장의 적극적인 후원으로 나의 홍보 기획안은
순조롭게 진행되었다.

일반 직원을 대할 때는 성별에 신경 써서 행동하라

일반 사람을 대할 때는 훨씬 수월하고 그만큼 스트레스도 적
다. 그저 상대방의 성별 혹은 별자리에 맞춰 적절한 화제를 선
택하면 된다. 가령, 남성을 대할 때는 여성 특유의 온화함과 부
드러움을 한껏 발휘하는 편이다. 교태를 부린다거나 애교를 피
운다는 뜻은 아니다. 그저 여성의 섬세함과 상냥함을 강조하는
것뿐이다.

몇 년 전, 당시 우리는 신주[新竹] 과학 공업단지에서 음악 순
회공연을 기획했는데, 여러 가지 업무가 많아서 그곳에서 회의

를 자주 열었다. 당시 나는 평소보다 화장과 옷차림에 꼼꼼히 신경을 쓰고 항상 하이힐을 신었다. 덕분에 남성이 대부분인 공업단지에서 호의적인 환대를 받았고, 또 그곳에서 사귄 몇몇 친구는 업무에 많은 도움을 주었다.

여성을 상대할 때는 상대방의 언니나 동생 혹은 친한 친구라는 마음으로 대한다. 속마음을 털어놓을 수 있을 만큼 편안함과 신뢰를 주어 친밀감을 형성하는 것이다. 처음 홍보 일을 시작할 때 나는 좋은 실적을 얻으려고 사방팔방 뛰어다니며 불과 1, 2년 사이에 상당수의 단골 고객을 확보했다. 고객은 대부분 남성이었는데 시간이 갈수록 여성 고객을 찾아보기 어려웠다. 남성 고객과 여성 고객을 대할 때는 그들의 특성에 맞춰 각각 다르게 상대해야 한다는 사실을 몰랐던 것이다. 그 뒤 나는 여성 고객을 대할 때는 마음이 통하는 친구처럼 상대하려고 노력했다. 그러자 시간이 지나면서 여성 고객들이 점차 늘어나기 시작했다.

남성을 대할 때 여성성을 최대한 발휘하면 훨씬 좋은 효과를 얻을 수 있다. 하지만 이 방법은 여성에게는 오히려 경계심을 불러일으키기 쉽다. 이성끼리는 서로 끌리는 반면 동성끼리는 경계하는 인간의 화학적 반응 때문이라고 생각한다. 이러한 이치를 파악하여 업무에 융통성 있게 활용하면 좋은 효과를 얻을 수 있다.

여기서 특별히 주의할 점은, 기혼 남성을 대할 때는 불필요한 오해가 발생하지 않도록 조심해야 한다는 것이다. 상대방이 기혼이라는 사실을 확인하면 대화를 나눌 때의 태도나 화제도 그에 맞춰 적절히 조정하라. 자칫 엉뚱한 화학적 반응이 일어나 직장에서 위기를 초래할 수 있다는 점을 명심해야 한다.

세 번째 노트 정리와 복습

❖ 처음부터 친구인 사람은 없다. 인맥을 넓히려면 방법과 목표가 있어야 한다. 자신이 가장 익숙한 생활권부터 시작해서 점차 사람들과의 교류 범위를 확대하여 인맥을 쌓으면 낯설고 생소한 사람들과도 친구가 될 수 있다.

❖ 인맥을 쌓는 데는 여러 가지 방법이 있다. 강연회, 세미나 참석, 동호회 활동 등은 타인을 사귈 좋은 기회다. 이 기회를 충분히 활용하여 인맥의 바다를 향해 첫발을 내딛어라.

적을 만들지 않는 인간관계의 비밀

상대방에게
강렬한 첫인상을 남겨라

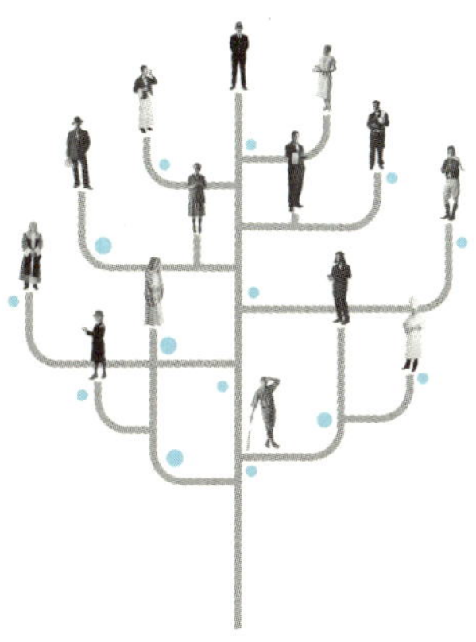

깔끔한 외모와 단정한 옷차림, 여기에 자신감을 겸비하여 좋

은 첫인상을 만들어라. 악수를 하고, 명함을 교환하고, 간단

한 대화를 나누면서 기본적인 인맥을 쌓아라. 그다음 한층 깊

이 있는 대화로 친밀감을 다지는 것이 중요한데, 공적인 일이

든 사적인 일이든 구분하지 말고 다양한 화제로 상대방과 거

리감을 좁혀야 한다. 그리고 나서 세심한 서비스와 관심을 보

여주며 당신이 친구로서 가치 있는 사람임을 보여줘야 한다.

14. 사교 모임에 나가기 전, 스스로에게 용기를 북돋워라

중요한 모임이 있는 날에는 외모 단장에 각별히 신경을 쓴다. 헤어스타일, 화장, 손톱 심지어 치아, 눈썹까지 어느 것 하나 대충 지나치는 법이 없다. 거울 앞에서 허술한 부분이 없는지 꼼꼼히 체크한다. 옷매무새는 깔끔하고 단정한지, 아름답게 잘 치장했는지, 사람들에게 기분 좋은 인상을 줄 수 있는지 주의 깊게 살핀다.

이처럼 외모에 신경 쓰는 이유는, 우선은 나 스스로 만반의 준비를 갖추기 위해서다. 외모 단장을 소홀히 하여 상대방에게 불쾌한 첫인상을 남기지 않기 위해서다. 그보다 더 중요한 이유는 나 자신에게 자신감을 북돋워주기 위해서다. 완벽한 준비를 했다는 자신감이 있어야만 예기치 못한 상황이 발생해도 차분히 대처할 수 있다. 대개 중요한 인물을 만날 때는 두려움이나 긴장감, 걱정에 사로잡히기 쉽다. 이를 극복하지 못하면 상대방에게 좋은 인상을 심어주지 못할뿐더러 인맥을 만드는 것은 꿈도 꿀 수 없다.

모든 준비가 갖춰졌다고 판단되면 나는 거울 앞에 서서 나 자신에게 이렇게 말하며 용기를 불어넣는다.

"넌 정말 최고야. 넌 인복이 많아서 모두 금세 널 좋아하고 친구가 돼줄 거야!"

나는 자신감이 차오를 때까지 이 말을 수십 번 되뇐다.

물론 이것은 구태의연한 방법이다. 하지만 자신감을 북돋우는 데는 매우 효과적이다. 그래서 나는 고객과 미팅을 하거나, 기자회견을 열거나, 파티나 행사에 참석할 때 항상 이런 방법으로 자신감을 극대화한다. 그러면 정말로 두려울 것이 없어진다. 자신감 넘치는 태도로 사람들에게 말을 건네고 이야기를 나누게 된다.

당신도 다음부터는 모임에 나가기 전에 거울을 보고 연습해보라. 분명 놀라운 수확을 얻을 것이다.

외출하기 전에 3분 동안 자기 검사를 하라

* **머리** : 비듬이 있거나 머리에 기름이 끼었거나 냄새는 안 나는지 살핀다. 머리는 깨끗이 감고 정갈하게 빗어 상쾌한

느낌을 줘야 한다.

* **얼굴** : 여성은 화장을 꼼꼼하게 하되, 짙은 화장은 피하고 자연스러운 느낌을 주도록 하는 게 좋다. 남성은 면도를 깔끔하게 하고, 코털을 정리하며, 눈에 눈곱이 끼거나 충혈되지 않았는지 살핀다.

* **손톱** : 청결한 상태를 유지하며, 사람들에게 혐오감을 주지 않도록 짧게 깎는다.

* **체취** : 불결한 냄새 혹은 향수의 향이 너무 진하지 않은지 살핀다. 또한 말끔하게 양치하여 입 냄새가 나지 않도록 한다.

* **패션** : 장소나 모임의 성격에 맞는 의상을 착용하며, 자신의 피부색이나 개성을 잘 드러낸 스타일의 옷을 입는다.

* **신발** : 굳이 값비싼 명품을 신을 필요는 없다. 대신 깔끔하고 그날의 패션과 어울리는 신발을 택한다.

* **가방** : 디자인이나 색깔이 그날의 패션과 잘 어울리도록 선택한다.

* **자신감** : 오늘의 미팅에 자신감이 있는지 살피며 스스로에게 용기를 불어넣는다. '넌 정말 최고야. 넌 인복이 많아서 모두 금세 널 좋아하고 친구가 돼줄 거야!'라고 자기 주문을 건다.

나의 서류 가방 속 필수 소지품

나는 계약서를 작성하는 날이면 반드시 행운의 노란색 실크 스카프를
착용하고 나간다. 당신도 당신만의 행운 액세서리를 준비해보라.

15. 1분 안에
상대방에게 당신을 각인시키는 비결

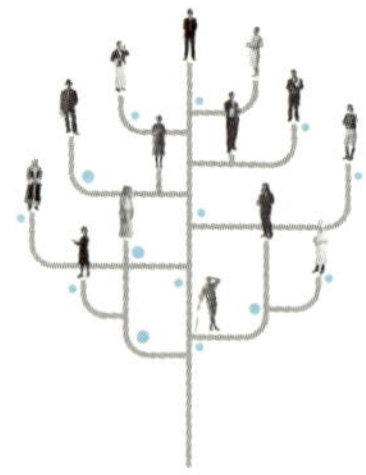

당신이 상대방에게 주는 첫인상은 '이미지'로, 성공적인 인맥 쌓기의 첫 번째 패라고 할 수 있다. 이는 인맥의 첫 번째 금맥을 캘 때 지름길로 갈 수 있도록 도와주는 인맥의 고속도로다.

요즘 같은 속도의 시대에는 사람들이 한눈에 당신을 알아볼 수 있고, 또 당신만의 매력이 한껏 묻어나는 개인식별 시스템을 구축하는 것이 무엇보다 중요하다. 사람들에게 호감을 얻느냐 얻지 못하느냐를 가름하는 첫인상은 단 10초 만에 결정된다. 이는 곧 5초 동안 사람들에게 당신이 어떤 사람인지를 알려야 하고, 또 나머지 5초 동안 사람들이 당신에게 호감을 느끼게 만들어야 한다는 뜻이다. 사람들이 당신을 머리끝부터 발끝까지의 외모와 태도를 보고, 느끼고, 최종적으로 당신이 어떤 부류의 사람인가를 판단하는 데 걸리는 시간은 첫인상을 결정짓는 황금의 10초부터 불과 1분이면 끝난다.

평소 관심 있게 살펴보는 잡지 등에서 옷차림에 어울리는 다양한 패션 소품 항목을 오려서 스크랩북을 만든다. 예를 들어, 나에게 맞는 다양한 스타일의 버버리를 오려서 스크랩북을 만든다든지, 내가 좋아하는 스타일을 스크랩해서 패션 가이드로 삼는 것이다. 이렇게 하면 나만의 '패션 노트'가 완성된다.

당신 자신을 알라

당신은 어떤 사람인가? 당신의 가정환경, 직업, 성격, 장단점을 생각해보고 당신에게 알맞는 형용사를 나열해보라. 당신이 어떤 형용사에 속하는지를 써내려가면서 자신의 특성과 능력, 남보다 뛰어난 점과 부족한 점, 용감한 사람인지 겁쟁이인지 등 자신이 살아온 궤적을 온전하게 이해할 수 있어야만 당신이 원하는 이미지를 계획하고 구축할 수 있다.

어떤 사람이 되기를 바라는가?

바로 이때, 당신 본연의 모습을 알아가는 과정에서 당신이 꿈꾸는 자기 모습에 집중해보라! 남들보다 특출한 능력으로 성공과 행복을 거머쥐는 모습을 그려보는 것이다. 그 모습은 앞으로 당신이 구축해야 할 이미지 브랜드의 핵심이자 새로운 인생의 목표다. 또한 사람들이 당신의 첫인상에서 진실하고 다재다능한 사람이라는 느낌을 얻을 수 있어야 한다.

성공한 기업의 브랜드 이미지는 한 번 정해지면 쉽게 바뀌지 않는다. 개인의 이미지 브랜드 역시 마찬가지다. 전문성을 갖춰야만 힘이 있고, 그것을 꾸준히 유지해야만 남보다 뛰어날 수 있다.

패션 스타일을 활용하여 당신을 알려라

성공한 전문 리더의 모습을 보여주고 싶다면 고급스러운 질감의 정장을 선택하는 것이 좋다. 세련되고 품위 있는 정장은 전문직 종사자로서 사람들의 시선을 한 몸에 받게 해줄 것이다. 혹시 창의적이고 개성적인 모습을 돋보이게 하고 싶다면 액세서리 치장에 좀 더 신중을 기하면 된다. 독특하고 세련된 액세서리는 남들과 다른 당신만의 개성을 한껏 드러내줄 것이다.

나는 비교적 활발하고 외향적이며 창의적이고 저돌적인 편이다. 처음 홍보 회사에 입사했을 때, 3년 안에 나 혼자만의 힘으로 대형 패션쇼를 기획한다는 목표를 세웠다. 그래서 패션 감각이 남보다 뛰어나다는 사실을 보여주기 위해 옷차림에 각별히 신경을 썼다. 피부색이 사계절 중 봄과 가장 잘 어울리기에 따스하고 단아한 느낌이 나는 양장을 주로 입었다. 또한 흰색 블라우스에 실크 스카프를 둘러 우아함을 강조했다.

과연 나는 짧은 시간에 개성적이고 패셔너블한 이미지를 구축하여 이른바 나만의 개인식별 시스템을 갖출 수 있었다. 직장 상사와 동료들에게 업무에 대한 책임감과 능력을 인정받았고, 고객들 사이에서도 큰 인기를 누렸다. 덕분에 나는 빠른 시간 내에 상당한 인맥을 넓힐 수 있었다.

평소 관심 있게 살펴보는 잡지 등에서 옷차림에 어울리는 다양한 패션 소품 항목을 오려서 스크랩북을 만든다. 그것이 바로 '나만의 패션 노트'가 된다.

16. 첫 번째 만남에서
완벽한 성의를 보여라

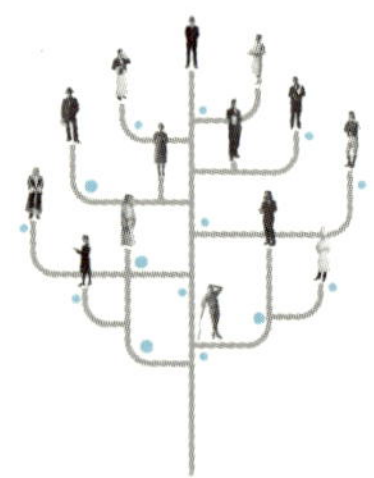

　진심으로 친해지고 싶은 사람을 만났을 때, 어떻게 해야 상대방에게 강렬한 인상을 남길 수 있을까? 또한 어떻게 해야 그와 친구가 될 수 있을까?

　간단하다. 진심 어린 마음으로 성의를 다하면 된다. 대부분의 사람은 그런 당신에게 감동하고 깊은 인상을 받을 것이다. 이 얼마나 간단한가? 말처럼 쉬운 일이 아니라고 반문하는 이도 있을 것이다. 하지만 정말 간단하다. 나에게 그런 경험이 있다. 당시 그 사람은 나와 그저 악수만 나눴을 뿐인데 영원히 잊지 못할 기억을 남겨주었다.

　대략 10년 전 홍보 회사에서 평직원으로 일할 때였다. 당시 신주과학공업단지는 신의 직장으로, 수년 간 최고의 인기를 누리고 있었다. 우리 회사는 그 인기에 편승해 신주과학공업단지에서 문화 공연 행사를 기획했다. 공업단지에 입주해 있는 회사를 대상으로 고객을 확보하는 데 공을 들였고, 공업단지의 복지위원회와 협력하여 음악가, 예술가를 초빙하여 다양한 문화행사를 개최했다.

당시 우리는 타이다전력회사 문화기금회의 후원을 유치하는 데 성공했다. 그래서 기자회견을 열어 타이다전력회사의 정충화 회장에게 특별히 진행을 부탁했다. 그때 정 회장은 기자회견 전에 먼저 무대 뒤에 있는 스태프들을 찾아 노고를 치하했다. 그때의 모습이 지금도 눈에 선하다. 정 회장은 내 손을 두 손으로 맞잡고서 15도 가량 정중하게 상체를 숙이며 감사의 인사를 연발했다.

"고생이 많습니다. 정말 고생이 많아요."

난 그때 크나큰 감동을 받았다. 그저 홍보 회사의 말단 직원이자 현장의 진행 요원에 불과한 나에게 그처럼 따뜻하고 친절하게 대해주다니……. 그런 정 회장의 모습은 더 이상 말이 필요 없는 감동을 주기에 충분했다. 그저 손을 내밀어 악수를 청하고 노고에 대한 인사말 몇 마디를 해준 것에 불과했지만, 나는 정 회장의 회사 홍보를 도와주는 일이라면 지쳐 쓰러질 때까지 일해도 전혀 힘들지 않겠다는 생각이 들 정도로 감동을 받았다.

정 회장의 행동은 여러 해가 지난 지금도 나의 뇌리에 깊이 새겨져 있다. 나는 인간관계에서 '성의를 다해 대한다'는 것이 얼마나 중요한지를 그에게 배웠다. 한 회사를 이끄는 사회적 거물인 회장도 이처럼 친절과 예의를 갖춰 사람을 대하는데, 보잘것없는 평범한 우리는 과연 어떻게 해야 할까? 마음을 다해 정성껏 사람을 대해야 하지 않을까? 관점을 바꿔 생각해보면, 어쩌면 정 회장은 그처럼 정성을 다해 사람을 대했기에 성공한 사업가가 된 것일 수도 있다.

악수로 진심을 전달하라

정성이나 성의가 매우 중요하다는 사실은 알았을 것이다. 그런데 도대체 어떻게 해야 나의 정성이나 성의를 상대방에게 고스란히 전달할 수 있을까?

사실, 그건 매우 간단하다. 첫 번째 만남에서 가장 중요한 것은 자기소개와 악수이다.

먼저 악수하는 법이다. 악수는 지극히 간단한 인사법이지만 상대방에게 당신을 각인시키느냐 못하냐를 가름하는 첫걸음이다. 그래서 나는 주변 사람들을 자세히 관찰하고 또 약간의 시험을 거쳐 악수의 비결을 찾아냈다.

처음 만난 사람과 악수할 때는 앞서 언급했던 정 회장처럼 15도 가량 몸을 숙이고 두 손으로 맞잡을 필요는 없다. 사람들 중에는 비교적 차분하고 덤덤한 성격의 사람이 있게 마련인데,

당신이 갑작스레 열정적인 태도를 보이면 오히려 크게 놀랄 수 있다. 특히 상대방의 직책이나 신분이 높은 사람이라면 당신의 지나치게 겸손한 태도가 오히려 아부성 짙은 비굴함으로 비쳐 역효과를 초래할 수 있다.

그러므로 처음 만난 사람과 악수할 때는 한 손으로 뻗어서 하는 것이 가장 좋은 방법이다. 대신 손을 쥐는 강도에 주의를 기울여야 한다. 가볍게 손을 스친 것으로 악수를 끝내면 상대방에게 성의가 부족하고 대충한다는 느낌을 주기 쉽다. 반드시 손에 살짝 힘을 주고 진심을 담아 악수를 하라. 상대방이 당신의 진심을 손으로 느낄 수 있도록 말이다.

악수할 때의 시선 처리도 매우 중요하다. 눈빛에 성의를 담아 상대방의 눈을 바라보라. 그러면 힘이 들어간 손과 강한 눈빛으로 상대방에게 깊은 인상을 남길 수 있다. 나도 여러 번 이런 악수 방법을 시험해본 적이 있다. 설사 상대방이 그날 수십 명의 사람들과 악수를 나누었을지라도 당신의 진심이 담긴 악수와 눈빛에 깊은 인상을 받아 다음에 만날 때도 당신을 기억할 것이다.

두 손으로 명함을 건네며 자신의 이름을 밝혀라

명함을 건네는 것도 사소한 동작에 불과하지만 대단히 중요하다. 연락처, 직업, 직책 등 당신의 정보가 모두 이 속에 담겨 있으니 말이다. 다시 말해서, 명함을 건네는 것은 가장 좋은 자기소개 방법이다.

사실, 우리는 날마다 수많은 명함을 주고받는다. 그러고는 습관적으로 명함첩에 꽂아두고는 명함의 주인이 누구인지조차 잊어버리기 일쑤다. 이 때문에 첫 만남의 짧은 순간에 명함을 건네는 작은 동작 하나만으로 상대방에게 명함의 내용과 당신의 얼굴을 정확하게 각인시키는 것은 매우 중요한 일이라고 할 수 있다.

나는 명함에 적힌 나의 간단한 정보를 소개하느라 시간을 낭비하는 대신 나름대로의 비결을 생각해냈다. 상대방에게 명함을 건넬 때 간단하고 기억하기 쉬운 영문 애칭을 알려주는 것이다.

그래서 나는 기억하기 쉬운 '루비'라는 영문 이름을 만들어서 명함을 건넬 때마다 항상 이렇게 말한다.

"만나서 반갑습니다. 루비라고 불러주세요!"

이 방법은 생각 외로 효과가 좋다. 사실, 중국어 이름은 쉽게 기억하기가 어렵다. 반면에 영문 이름으로 바꾸면 설령 첫 번째 만남에서 금세 잊더라도 두 번째 만날 때 다시 상기시켜주면 십중팔구 금방 기억해낸다. 영문 이름이 내키지 않는다면 다른 애칭을 만들어도 좋다. 그저 상대방이 부르기 쉽고 기억하기 쉬운 이름이면 된다.

그 밖에도 기자회견장이든 고객과의 미팅 장소든 일단 명함을 주고받게 되는 중요한 장소에 나갈 때 주의할 점이 있다. 명함 지갑을 준비하여 언제든지 명함을 빼서 쓸 수 있도록 해야 한다는 것이다.

명함 지갑이 없다면 그 장소로 출발하기 전에 명함을 꺼내 손에 쥐거나 손쉽게 꺼낼 수 있도록 가방 바깥의 주머니 부분에 놓아두라. 상대방과 맞닥뜨리고서야 허둥지둥 가방을 뒤지며 명함을 찾다가 끝내 "미안합니다. 명함을 깜박 잊었네요"라고 변명을 늘어놓는 일이 있어서는 안 된다.

당신이 준비를 잘 갖추고 왔다는 사실을 보여주라. 언제 어디서는 항상 만반의 준비가 되어 있는 상태라야 상대방에게 신뢰감을 얻을 수 있다는 것을 명심해야 한다.

명함을 교환할 때는 반드시 두 손으로 건네며 상대방과 시선을 맞추고 당신의 성의를 보여야 한다. 반면에 지나치게 굽실거리는 태도는 오히려 상대방에게 거리감을 줄 수 있으니 주의한다. 대화는 부드럽게 시작하며, 때로는 유머를 곁들이는 것이 상대방과의 거리감을 좁히는 데 큰 도움을 준다.

**상대방에게 당신의 존재를 각인시켰다면,
당신도 간단한 메모로 상대방을 기억하라**

홍보 일을 하다 보면 날마다 다양한 분야의 사람들을 수없이 만나게 된다. 가령, 기자회견을 한 번 열 때면 내 손에 매스컴 관계자의 명함 5, 60장과 여러 회사의 명함 2, 30장이 쥐어질 때가 있다. 이렇게 많은 명함이 한꺼번에 들어올 때면 도대체 어떻게 이들을 하나하나 기억해야 할까?

나는 대개 사람들 개개인의 특징을 눈여겨뒀다가 그 자리에서 재빨리 명함에 기호를 표시한다. 나만 알고 있는 비밀 기호를 명함 뒤편에 표시한 뒤 집에 돌아오면 그 기호를 보고 그 사람의 특징을 세세히 기억해내어 명함 노트를 작성한다.

이렇게 해놓지 않으면 상대방을 잊어버리기 십상이다. 그래서 두 번째 만날 때 난처한 상황에 빠지고 만다. 나도 그와 비슷한 경험을 많이 했다. 내 중국어 이름은 우쯔핑[吳子平]으로 남자 이름처럼 느껴질 때가 많다. 그래서인지 명함을 주고받은 뒤 대다수 사람들은 나를 잊어버린 채 나중에야 다시 통화를 하게 되면 이렇게 묻기 일쑤다.

"실례합니다만, 미스터 우 좀 바꿔주시겠습니까?"

이 얼마나 크나큰 실례이고 무례인가? 이러면 상대방에 대한 인상이 크게 나빠지게 마련이다. 이런 불상사를 없애기 위해서라도 명함을 주고받으면 그 자리에서 간단한 기록을 남겨 나중에 실례를 범하지 않도록 해야 한다.

특징 외에도 나는 명함에 상대방의 직책을 기록한다. 그래야 그 사람이 나중에 무엇을 필요로 할지 미리 예상하고 그에 대한 준비를 할 수 있다. 상대방이 필요로 하는 서비스를 제공해 주고 그것을 계기로 친분을 쌓고 인맥을 넓히는 것이다.

예컨대, 나는 홍보 업무 때문에 여러 기자를 접촉한다. 매스컴의 종류가 다양하고 복잡한 탓에 다양한 언론 매체를 상대해야 한다. 똑같은 뉴스라도 방송사별로, 신문사별로 각기 다른 논점에서 다룬다. 그뿐인가? 신문사 기자와 잡지사 기자는 아예 뉴스에 접근하는 방식부터 확연히 다르지 않은가? 이처럼 복잡한 상황 아래서 상대방의 직책과 업무 내용을 기록해놓지 않으면 홍보 관련 뉴스 소스가 생겼을 때 어느 기자에게 통지해야 좋을지 감도 못 잡게 된다.

그래서 나는 기자회견장에서 기자들과 명함을 교환할 때 그들의 직책, 업무 범위, 보도 성향 등을 자세히 기록한다. 그리고는 나중에 기자회견을 개최할 일이 생기면 회견의 목적이나 성향에 맞는 언론사 기자에게 연락한다. 소소한 명함이지만 잘 활용하면 이처럼 다양한 편의를 누릴 수 있는 것이다.

17. 상대방의 기본 정보를 파악하여 대화를 시작하라

처음 만난 사람에게는 많이 묻고 적게 말하라. 최대한 많은 질문을 던져 상대방이 말을 하도록 만들면, 우선은 대화 과정에서 상대방의 경계심을 풀 수 있고, 다음은 상대방의 대화 내용을 토대로 자신에게 유리한 정보를 얻을 수 있다.

나는 처음 만나는 사람에게 반드시 묻는 몇 가지 사항이 있다. 우선 별자리다. 별자리에 관심이 많다고 미신을 믿는 것 아니냐고 오해하지는 말라. 별자리는 일종의 참고용이다. 특히 낯선 사람을 상대할 때는 별자리가 큰 도움이 되며, 이를 참고로 상대방을 어떻게 대해야 할지 기본적인 지식을 얻을 수 있다.

가령, 사자자리의 사람, 특히 남성과 대화를 나눌 때는 약자인 척 엄살을 떤다. 상대방의 장점을 크게 칭찬하며 여러 가지 가르침을 부탁하면, 상대방은 이내 경계심을 버리고 유쾌한 분위기에서 많은 이야기를 늘어놓는다. 물병자리의 사람은 꿈을 좇는 자유인의 성향이 있다. 따라서 주로 미래의 꿈이나 인생계획을 대화 주제로 정한다. 대화의 요령은 사자자리를 대할 때와는 달리 대등한 입장에서 상대방의 말에 보조를 맞추는 것이다. 그렇지 않으면 상대방은 금세 싫증을 내기 때문에 주의해야 한다.

이처럼 별자리를 화제로 삼고 싶지 않다면 혈액형이나 운명의 숫자 등을 이용해도 좋다. 이러한 것들은 상대방에 대한 기초적인 정보를 제공해주기에 첫 만남의 서먹서먹한 분위기에서 적당한 화젯거리를 찾지 못해 난처해하는 상황을 피할 수 있다.

그다음 별자리 외에 상대방의 직장, 직책, 업무 내용을 파악하는 것도 매우 중요하다. 사적인 모임에서 만났다고 해서 상대방의 직업 현황을 파악할 필요가 없다고 생각하지 말라. 사람은 직업이나 직책에 따라 습관적으로 사용하는 말투가 다르다. 때문에 다양한 교류를 통해 그들의 직업과 말투 등의 상관관계를 파악하다 보면 요령이 생긴다. 상대방의 직업이나 직책에 맞춰 어떤 말투로 대화를 나눠야 하는지를 터득할 수 있다.

예컨대, 공장을 운영하는 사장은 대개 말투가 명령조이고 투박하다. 반면에 디자인 같이 창의적인 일을 하는 사람은 말투가 점잖고 부드럽다. 이처럼 직업에 따라 조금씩 다른 말투나 습관을 잘 파악해놓으면 사람들과 교류할 때 좀 더 쉽고 빠르게 친숙해질 수 있다. 이로써 첫 번째 만남에서 상대방에게 깊은 인상을 심어주는 데 큰 도움이 된다.

18. 연관성 있는 화제로
대화를 이어가라

앞서 언급한 별자리나 혈액형 등의 기본 정보를 이용해 상대
방과의 대화를 시작했다면 그다음에는 어떤 이야기를 해야 할
까? 여기서 중요한 것은 상대방이 계속 이야기를 하도록 만드
는 것이다. 대부분의 사람은 특히, 사회적 지위가 높은 사람은
이런 말을 한다.

"아, 당신과의 대화가 참 재미있습니다!"

"당신과 이야기를 하다 보니 나도 모르게 이야기가 술술 나
오는군요!"

사실, 이러한 말 속에는 '내 말이 아직 안 끝났다'는 의미가
담겨 있다.

그러므로 상대방이 계속해서 이야기할 수 있도록 분위기를

만들어주거나 혹은 그런 느낌을 준다면 그 사람은 당신을 말 잘 통하는 상대로 여기게 된다. 반대로, 상대방에게 말할 기회조차 주지 않은 채 계속해서 당신 이야기만 늘어놓는다면 어떻게 될까? 상대방이 흥미를 느끼는 화제가 아닌 이상 대부분은 따분해하며 그 자리를 벗어날 궁리만 할 것이다.

물론 처음 만난 사람이나 그다지 친하지 않은 사람이 흥미를 느낄 만한 화제를 찾는 것은 말처럼 쉽지 않다. 아니, 행운이 필요하다. 하지만 인맥을 쌓고 싶은 사람과 어렵사리 자리를 같이했는데, 그 소중한 기회를 행운에 맡길 수만은 없지 않은가?

그래서 나는 한 가지 방법을 생각해냈다. 질문을 던지고 상대방이 한참 동안 이야기를 할 수 있도록 한다. 그다음에는 그가 이야기했던 것에서 또 다른 질문 거리를 찾아내 묻는다. 그렇게 질문이 이어지면 상대방은 자신의 흥밋거리를 더욱 신 나게 이야기한다.

예컨대, 상대방과 식사를 하고 싶을 때는 절대로 "함께 식사하지 않겠습니까?"라고 물으면 안 된다. 상대방이 비즈니스 런치를 원하지 않거나 혹은 다음 약속이 있을 경우 "미안합니다. 다음으로 미루지요"라는 대답이 돌아올 것이다. 그러면 두 사람의 대화는 더 이상 지속되지 않고 이것으로 끝나게 된다.

그러니 좀 더 똑똑한 방법을 사용해보자. 이때는 이렇게 묻는 것이다.

"어떤 음식을 좋아하세요?"

그러면 상대방은 "중식이든 양식이든 모두 좋아합니다"라고 대답할 것이다. 그다음에는 상대방의 대답 내용을 토대로 음식에 관한 질문을 이어가면 된다.

"아, 그럼 중식은 밥 요리와 면 요리 중에 어떤 음식을 좋아하세요? 즐겨가는 음식점이 있나요?"

이런 식으로 이야기를 이끌면 어떤 음식을 좋아하는지부터 계속해서 화제를 이어갈 수 있다. 그런 다음에는 자연스레 이렇게 말하는 것이다.

"그렇군요! 듣다 보니 아주 맛있을 것 같은데요? 시간 있으면 함께 그 요리 먹으러 가는 게 어때요?"

이렇게 하면 화제를 계속 이어갈 수 있을 뿐만 아니라 다음에 만날 약속까지 잡을 수 있다.

이러한 나의 대화 요령은 사실 마트의 어느 시식 코너 판촉 사원에게서 배운 것이다. 언젠가 마트로 쇼핑을 나갔을 때였다. 마침 두 개의 시식 코너에서 비슷한 제품을 홍보하고 있었는데, 그 판매량이 사뭇 차이가 났다.

'비슷한 제품인데 왜 저렇게 차이가 날까?' 하고 궁금해서 유심히 관찰하다가 나는 그 이유를 찾아낼 수 있었다. 판매량이 나쁜 시식 코너의 판촉 사원은 손님이 시식하고 나면 그저 이렇게 묻기만 했다.

"이 제품 하나 사시겠어요?"

그러면 손님 대부분은 고개를 가로저으며 곧장 자리를 떴고, 판촉 사원 역시 더 이상 말을 건네지 않았다. 반면에 맞은편 시식 코너의 판촉 사원은 달랐다. 그는 손님이 시식이 끝나면 이렇게 말을 건넸다.

"몇 봉지 사시겠어요? 두 봉지 아니면 세 봉지요?"

그러면 손님들은 대개 작은 숫자를 선택하게 마련이다. 그 제품을 살까 말까 고민할 여지조차 없이 자기도 모르게 구매하게 되는 것이다. 나는 그 모습을 보고서 사람은 이끌려간다는 사실을 깨달았다. 사람을 끌어들이는 요령만 잘 터득하면, 그리고 상대방의 반발심만 자극하지 않는다면 자신이 원하는 방향으로 상대방을 이끌 수 있다.

대화도 마찬가지다. 상대방을 대화 속으로 끌어들이는 요령을 잘 터득해서 다양한 화제로 계속 말을 이어가게 만드는 것이다. 그러면 상대방은 당신을 말 잘 통하는 사람으로 여기며 호감을 갖게 될 것이다.

어떻게 상대방의 말문을 열어야 할까?

당신의 생각 • 내가 하고 싶은 이야기를 시작하면 상대방도 자연스레 화제에 맞춰 이야기를 할 것이다.

올바른 생각 • 상대방이 이끄는 화제와 이야기에 주로 대답하는 식으로 보조를 맞춘다.

19. 공적인 일과 사적인 일을
한데 결합하여 교류하라

　인맥을 쌓고 싶은 사람과 대화를 나눌 때 연달아 질문을 던지며 끊임없는 대화 속으로 끌어들이는 것 외에 또 하나 중요한 요령이 있다. 그것은 바로 공적인 일과 사적인 일을 구분하지 않는 것이다. 이 말에 의구심이 드는 이도 많을 것이다. 우리는 대개 공사가 분명해야 인생이든 사업이든 성공할 수 있다고 말을 하니까. 하지만 적어도 인맥을 쌓을 때만큼은 공사를 분명히 하는 태도를 취해서는 안 된다. 이는 매우 잘못된 방식이다.

　가령, 상대방이 당신을 공적인 업무를 할 때만 친구로 대한다면 어떨까? 아마 공적인 일에서만 교류할 뿐 사적인 교류는 기대조차 할 수 없을 것이다. 사적인 교류가 없으면 어떻게 중요한 순간에 도와달라고 부탁할 수 있겠는가? 반대로 사적인 교분만 있는 관계라면 공적인 업무와 관련하여 도움을 요청할 수 없다.

그래서 나는 인맥을 쌓을 때 최대한 공적인 일과 사적인 일을 한데 결합시킨다. 공적인 업무 제휴를 할 때마다 나는 상대방의 생활권으로 자연스레 스며들어 나를 일상생활의 일부로 여기게 만든다. 그렇게 하면 상호관계가 더욱 돈독해지고 또 오랫동안 친분을 나눌 수 있어서 업무 제휴가 끝나자마자 두 사람의 교류가 끊기는 것을 피할 수 있다.

앞서 언급했던 나에게 큰 도움을 줬던 광고 회사의 친구도 이런 식으로 친분을 다졌다. 처음 그를 만났을 때 나는 기회를 엿봐서 그의 가족관계와 사생활에 대해 물었다. 알고 보니 아내와 아이는 모두 외국에 둔 채 자신만 홀로, 타이완에서 특별히 친하게 지내는 친구도 없이 외롭게 생활하고 있었다.

정보를 파악한 나는 그에게 이렇게 말했다.

"저는 홍보 업무 때문에 알고 지내는 사람이 많아요. 원하신다면 친구로 지내면 좋을 사람들을 소개해줄게요. 함께 식사도 하고 술도 마시면서 친하게 어울리다 보면, 혼자 보내는 나날이 그리 외롭진 않을 거예요."

그날 저녁 우리는 당장 한 무리의 친구를 불러내 함께 식사를 하며 흥겨운 시간을 보냈다. 처음 만나 공적인 업무를 의논하던 사이에서 순식간에 사적인 교분을 나누는 친구가 된 것이다. 그 후 내가 난관에 부딪혔을 때 그 친구는 두말없이 앞장서서 나를 도와 고객을 소개해주었다.

이처럼 인맥을 쌓을 때는 공적인 일과 사적인 일을 한데 연결시켜 교류하는 요령이 필요하다는 사실을 잊지 말라. 그래야 상대에게 신뢰를 얻고 친구가 될 수 있다.

사람을 만나기 전에 먼저 다음의 사항을 연습하라

* **눈빛** : 상대방의 눈을 직시하고 진심을 담은 눈빛으로 상대에게 당신의 성의를 전달하라.

* **악수** : 손바닥에 땀이 배어 있지는 않은지 주의하라. 악수할 때는 손에 살짝 힘을 주어 당신의 성의를 전달하라.

* **명함** : 명함은 항상 소지하고 있는지, 명함 지갑은 쉽게 꺼낼 수 있는 곳에 놓아뒀는지 살피라. 명함을 교환할 때는 두 손으로 건네면서 간단하게 자기 이름을 알려주라.

* **기록** : 명함을 교환한 뒤에는 곧바로 상대방의 특징을 간단히 기록하라. 대화 내용 중에 유념해야 할 부분이 있으면 함께 기록하라.

* **대화** : 상대방이 흥미 있어 하는 화제를 중심으로 대화를 이끌어라. 상대방의 이야기에 최대한 귀 기울이고 그 사람의 기호나 성격을 파악하라. 공적인 업무가 끝난 뒤에는 자연스럽게 화제를 돌려 상대방의 사생활이나 관심사(가령,

아이나 애완동물 등)에 대해 이야기를 나누라. 다만, 지나치게
사적인 문제는 개입하지 않도록 주의하라.

공적인 일과 사적인 일을
적절하게 결부하여 친분을 쌓아라.

20. 상대방에게
당신의 이용 가치를 극대화하라

흔히 좋은 인맥이 중요한 순간에 당신을 도와줄 것이라고 한다. 하지만 한 가지 명심해야 할 점이 있다. 인맥은 저금과 같다는 사실이다. 평소 꾸준히 저금을 해뒀다가 필요할 때 요긴하게 사용할 수 있듯이 평소에 상대방에게 협조나 이익을 제공해야만 중요한 순간에 도움을 받을 수 있다. 반대로 무작정 상대방에게 편의를 얻기만 바랄 뿐 당신은 그 어떤 이익이나 도움도 주지 않는다면 어떻게 될까? 제아무리 친한 친구라고 해도 결국에는 당신 곁을 떠나고 말 것이다. 하물며 이제 막 친분을 갖게 된 사람이라면 두말할 나위 있겠는가?

그래서 나는 이제 막 교류를 시작한 사람을 대할 때는 먼저 상대방이 무엇을 필요로 하는지를 살핀다. 그다음에는 나의 능력 범위 안에서 상대방을 도울 수 있는 방법을 연구한다. 이제 막 교류를 시작했을 때 사소한 것이라도 상대방을 위해 도움을 베푼다면 매우 짧은 기간에 관계가 돈독해질 수 있다.

좀 더 자세히 설명하면 이렇다. 나는 첫 번째 만남에서 상대방의 기본 정보를 파악하고, 약간의 대화를 나눈 뒤에는 주위 사람들을 통해 그 사람에 관한 좀 더 자세한 정보를 알아낸다. 먼저 공적인 일에서는, 그가 회사에서 맡는 업무는 무엇인지, 어떤 이들의 도움이 필요한지, 실적 달성이 급선무인지 수익 향상이 급선무인지 등을 알아본다. 사적인 일에서는, 현재 그 사람이 곤란을 겪고 있는 일이 무엇인지를 알아본다. 사소한 일이라도 상관없다. 남자 친구 혹은 여자 친구와 다퉜는지, 관람하고 싶은 공연의 티켓을 구하지 못했는지, 혹은 외로움을 느끼지는 않는지 등등…….

이처럼 상대방에게 필요한 것을 살핀 뒤에는 곧장 내가 도와줄 방법을 모색한다. 내가 그 사람에게 줄 수 있는 이익이나 도움이 무엇인지, 즉 나의 이용 가치를 높일 수 있는 것이 무엇인지를 연구하는 것이다. 그 사람에게 많은 이익을 줄수록 나의 이용 가치는 커질 것이다.

그래서 나는 낯선 사람과 교류할 때 상대방의 입장이 되어 생각한다. 무엇을 중시하고, 무엇이 필요한지, 그다음에는 내가 어떻게 그 사람의 수요를 충족시켜줄 수 있는지를 찾는다. 그 사람이 원하는 것을 곧바로 충족시켜주면 친분을 다지는 것이 아주 수월해진다.

앞서 언급했듯이, 강연회에서 상대방에게 강연회와 책 출간을 기획하면서 도와주고 싶다고 제안한 것도, 또 가족과 떨어져 혼자 생활하고 있던 광고 회사 사람에게 외로움을 달랠 친구가 되어준 것도 모두 같은 맥락이다. 상대방이 필요로 하는 것을 제공해주어 나의 이용 가치를 높이기 위한 일종의 포석인 것이다.

21. 세심한 부분까지 챙겨 완벽한 서비스를 제공하라

첫 번째 만남부터 상대방에게 좋은 인상을 심어주고, 드디어 그 사람이 필요로 하는 서비스를 제공할 단계까지 이르렀을 때 모든 일이 순조롭게 진행된다고 마음을 놓아서는 안 된다. 자칫 사소한 실수로 친분을 돈독히 할 수 있는 좋은 기회를 놓칠 수 있다. 상대방이 필요로 하는 서비스를 제공할 때는 사소한 부분까지 세심하게 신경 써야 한다. 그러면 상대방은 당신을 한층 더 신뢰하고, 또 깊은 인상을 갖는다. 그뿐이겠는가? 새로운 고객도 소개해주고 여차하면 당신을 스카우트할 것이다.

나 역시 세심한 서비스를 제공해준 덕분에 상대방 회사에서 스카우트 제의를 받은 적이 있다. 과학공업단지에서 문화 공연 활동을 기획하고 있을 때였다. 우리는 연예인 탕즈웨이가 재즈 음악을 좋아한다는 것을 잘 알고 있었다. 그는 수만 장의 재즈 음반을 수집하여 보유하고 있으며, 재즈 음악 장르에 대한 지식도 해박했다. 그래서 과학공업단지에서 재즈 음악을 주제로 한 강좌를 기획할 때, 재즈 음악 감상법과 좋은 음반을 추천하여 재즈 장르에 대한 이해를 도모하자는 기획 의도로 탕즈웨이를 초빙했다.

홍보 일을 하다보면 연예인들의 협조가 아주 많이 필요하다. 행사 참석이나 행사 진행 등은 주로 연예인들이 맡아서 하기 때문이다. 그래서 나는 연예인들과 접촉할 기회가 생기면 그것을 최대한 활용하여 연예인과의 인맥을 쌓으려고 노력하는 편이다. 그때도 예외는 아니었다. 나는 탕즈웨이를 가까이서 만날 기회를 최대한 활용하려고 마음먹었다. 탕즈웨이가 타이베이에서 신주까지 와서 강좌를 하는 동안 필요한 것들이 무엇인지 세세하게 따져본 뒤 그를 위한 완벽한 서비스를 준비했다.

예컨대, 먼저 스타일리스트에게 조언을 구해 강좌의 연사에게 어울리는 패션 스타일 샘플을 뽑아 탕즈웨이에게 이메일로 보냈다. 또한 그가 자가용을 타고 고속도로를 이용할 것을 예상하고 톨게이트 비용과 기름값을 미리 계산하여 지급했다. 신주 과학공업단지까지의 노선도 상세하게 그려서 보냈다. 그뿐만 아니라 강좌에 참석하는 중요 인사들과 수월하게 인사를 나눌 수 있도록 미리 그 사람들의 명단과 외모 특징까지 적어 덧붙였다.

나의 세심하고 완벽한 서비스는 탕즈웨이에게 깊은 인상을 심어주었다. 그 뒤 탕즈웨이는 자신이 설립한 회사로 스카우트 제의를 해왔다. 비록 그의 제의를 받아들이지는 않았지만, 그 일을 계기로 서로에게 좋은 인상을 갖게 되었다.

이처럼 세심하고 완벽한 서비스는 인맥을 공고히 해준다. 그러므로 당신이 인맥을 쌓고 싶은 사람과 접촉할 기회가 생기면 그 기회를 십분 활용하여 완벽한 서비스를 제공하라.

상대방이 필요로 하는 것을 관찰하여
당신의 세심한 서비스를 제공하라.

네 번째 노트 정리와 복습

❖ 자신의 외적인 이미지에 신경을 써라. 청결하고 깔끔한 모습을 기본으로 하되, 자신의 개성을 드러내어 상대방에게 기분 좋은 첫인상을 주는 것이 성공의 첫째 조건이다.

❖ 눈빛에 진심을 담아 성의 있게 악수하고, 두 손으로 명함을 건네는 등의 행동은 개인적인 매력을 더해주어 상대방의 호감을 이끌어낼 수 있다.

❖ 외적인 이미지에 완벽을 기하는 한편, 내적인 매력도 발휘하라. 상대방의 이야기를 경청하고, 그 사람이 흥미를 보이는 소재를 화제로 삼아 대화를 이끌어라. 공적인 일과 사적인 일을 결합시키면 대화의 내용이 풍성해질 뿐만 아니라 상호 거리가 더욱 가까워지는 데도 도움이 된다.

적을 만들지 않는 인간관계의 비밀

교류관계를 지속시키는 방법

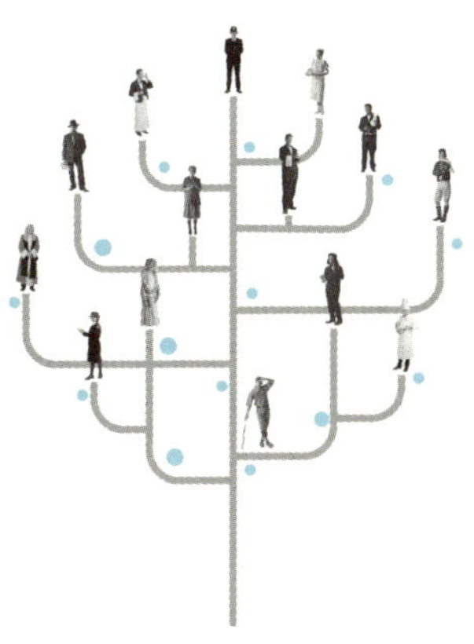

인맥을 오랫동안 유지하려면 지속적으로 연락하며 사적인 친

분을 다져야 한다. 파티를 열거나 서로에게 새로운 친구를 소

개해주고, 메신저를 이용해 유대관계를 강화해야 한다. 그리

고 상대방으로부터 한층 높은 신뢰와 호감을 얻기 위해서는

무엇보다 남과는 다른 기발한 방법을 동원해야 한다.

22. 공적인 일과 사적인 일을 결합시켜 상호 거리를 좁혀라

인맥을 쌓고 싶은 사람과 만날 기회를 얻고, 명함을 교환하고, 그의 정보를 기록 및 숙지하고 나면 상대방의 기호와 현재 필요한 것, 그리고 내가 그를 위해 어떤 서비스를 제공해야 하는지도 잘 알게 된다. 그렇다면 그 후에는 어떻게 해야 상대방과의 거리를 한층 더 좁힐 수 있을까?

얼핏 들으면 매우 어려운 일처럼 느껴지지만 사실은 전혀 그렇지 않다. 단 한 가지, 공사를 구분하지 않는다는 원칙만 잘 지키면 된다.

인맥관리에서 가장 금기해야 할 것은 목적성에 치우쳐서는 안 된다는 점이다. 가령, 당신과 알고 지낸 지 얼마 되지도 않은 사람이 대뜸 사업 제안을 하거나 보험 가입을 권유하거나 혹은 다른 대가성의 관계를 요구한다면 기분이 어떻겠는가? 아마 뒤도 돌아보지 않고 줄행랑치고 말 것이다. 설령 지금 관심 있는 보험 상품이 있다고 해도 그 사람과는 보험계약을 하지 않을 것이다. 친분이 깊지도 않은 사람을 어떻게 믿고 계약하겠는가?

공적인 왕래는 물론 사적으로도 돈독한 관계를 맺어 신뢰할 수 있는 사람이어야 업무든, 보험이든, 돈이든 간에 자신의 일을 안심하고 맡길 수 있다. 이는 바꿔서 생각해보면, 우리는 대개 사적으로 친분이 있는 사람을 신뢰한다는 뜻이기도 하다. 즉, 인맥을 쌓고 싶은 사람이 있으면 먼저 사적인 교분을 돈독히 하는 데 집중해야 한다는 뜻이다. 그래야 상호 거리감도 좁혀지고 신뢰감도 생기지 않겠는가?

상대방을 친구로 여기며 편하게 교류하라

낯선 사람과 사적인 친분을 쌓는 일은 사실 그다지 어렵지 않다. 대화를 나눌 때 몇 가지 원칙만 잘 지키면 된다.

먼저, 자신의 위치를 정확히 하라. 당신은 상대방보다 아래급의 사람이 아니다. 상대방이 사회적으로 성공을 거둔 거물이라고 해도 당신은 그와 대등한 '친구'다. 당신이 먼저 상대방의 친구가 되어야만 그 사람도 당신을 친구로 여기고 존중해준다는 점을 명심하라.

그다음, 전전긍긍하지 말라. 당신이 잔뜩 긴장하면 상대방도 불안감을 느낀다. 그런 상태에서 어떻게 편안하게 교류할 수 있겠는가? 가볍고 자유로운 분위기 속에서 대화를 나눠야 상대방도 자연스레 그 분위기에 휩쓸려 사적인 친분을 다질 수 있다. 그런데 가볍고 자유로운 대화를 나누다 보면 상대방에 대한 지식 부족으로 그의 상처를 건드리는 말을 할 경우가 있다. 이러한 실수를 막을 방법은 없을까? 나는 대개 나 자신을 유머 대상으로 삼는다. 주로 실수담이나 우스꽝스러운 일화를 들려주며 유쾌한 대화를 이끌어간다. 그렇게 하면 상대방을 잘 몰라서 그가 터부시하는 말을 꺼내는 실수를 피할 수 있다.

유쾌한 분위기 속에서 모두가 즐거워지면 그때부터 공적인 일과 사적인 일을 적절히 가미하여 이야기를 이어가면 된다. 그러면 공적인 용무도 있지만 자신의 사생활에도 관심을 가져주는 당신의 모습에 상대방도 경계심을 버리고 가까이 다가올 것이다. 그러면 평소 회사 업무로 왕래하던 사람이 주말에 함께 만나 즐거운 시간을 갖는 친구관계로 발전할 수 있다.

사적인 친분을 쌓아 상대방의 신뢰를 얻어라.

23. 단둘만의 식사 약속을
잡는 방법

즐겁게 대화를 나눈 뒤 한층 관계를 돈독히 하기 위해서는 다음 만남을 약속해야 한다. 커피를 마시든 식사를 하든 간에 일대일로 만나 대화를 나눈다는 것은 중요한 의미가 있다. 즉, 두 사람의 관계가 여러 사람이 모인 모임에서 그저 고개나 끄덕이는 사이가 아니라 사적인 좋은 친구관계로 접어들었음을 의미한다.

일단 상대방이 거절하면 이야기를 지속할 수 없으므로 선택형의 질문만 하라

자, 그럼 문제는 식사 약속이나 차 한 잔의 약속을 어떻게 성사시키느냐다.

이제 겨우 한 번 만난 사람과 어떻게 식사 약속을 잡아야 할까? 자연스럽고 가벼운 분위기에서 사적인 교분을 다진다는 선행 원칙을 지켜, 선택형의 질문을 던지고 식사 약속을 잡아야 한다. 그러면 상대방과 단독으로 만날 기회를 얻을 수 있다. 단, '저에게 같이 식사할 수 있는 영광을 누리게 해주겠습니까?'처럼 딱딱하고 고지식한 질문방식은 피하라. 십중팔구 거절당할 것이다.

홍보 업무에서 언론 매체는 매우 중요한 위치를 차지한다. 하지만 기자들은 대부분 취재하느라 바빠서 쉽게 만날 수 없는 데다, 설상가상 기자들과 돈독한 관계를 유지하려는 다른 홍보 업체들도 부지기수다. 이런 이유로 기자회견장이 아니라면 개인적인 만남을 피하고자 하는 기자들, 더더구나 겨우 한 번 만난 사이인 기자들을 상대로 어떻게 식사 약속을 이끌어낼 수 있을까? 나는 앞에서 설명했던 원칙만으로 아주 수월하게 기자들과 식사 약속을 했다.

한 번은 기자회견을 막 끝낸 뒤였다. 그때 나는 〈애플데일리〉의 기자를 눈여겨보고 있었다. 그 기자가 맡고 있는 신문 섹션이 매우 큰 데다 다루는 기사 내용도 내가 자주 기획하는 명품 종류였다. 당시 나는 그와 친구가 되고 싶은 마음이 간절했다. 서로 좋은 관계를 유지하면 그를 좀 더 이해할 수 있고, 또 나중에 기자회견이 있을 때면 그에게 필요한 정보를 제공해줄 수도 있다고 생각했다. 그래서 명함을 교환하자마자 뒤편에 그 기자의 직책과 업무 내용, 기호 등을 간략하게 기록한 뒤 그날 오후 당장 전화를 걸었다.

먼저 나를 간략하게 소개한 뒤 오늘 기자회견에 참석해줘서 고맙다고 인사했다. 나는 그 기자가 나의 도움을 필요로 할 경우를 대비해 나의 업무 시간을 알려준 뒤 자연스레 그녀가 좋아하는 음식 이야기로 화제를 옮겼다.

상대방의 기호를 알면 모든 것이 순조롭다

예컨대, 기자회견장에서 잠깐 대화를 나눌 때 그 기자가 샤브샤브를 좋아한다는 말을 얼핏 들었다. 그래서 이렇게 말했다.

"저도 샤브샤브 아주 좋아해요. 오죽했으면 친구들이 '샤브샤브 귀신'이라고 부르겠어요? 어때요? 제가 샤브샤브 잘하는 집을 아는데, 한번 날 잡아서 함께 가실래요?"

이처럼 가볍게 권유하는 식의 제안에는 상대방이 거절하기란 힘들다. 나 역시 상대방의 대답을 기다리지 않고 바로 이어서 묻는다.

"그럼 언제 시간 있으세요? 다음 주에 괜찮을 것 같은데, 어떤 요일이 좋을까요?"

이와 같이 연관성이 있는 질문을 연달아 던지면 상대방은 저절로 대화 속으로 이끌리게 마련이다. 그렇게 상대방과의 첫 번째 사적인 만남이 자연스레 성사되는 것이다. 이때 한 가지 주의할 점이 있다. 상대방의 기본적인 정보와 현재의 업무 현황을 충분히 파악하고 있어야 한다는 사실이다. 상대방이 바빠서 시간을 낼 수 없는 상황일 경우라면 제아무리 자연스럽고 세련된 제안도 거절당할 가능성이 크다.

나는 대개 이렇게 약속 시간을 받아낸다. 먼저 각 언론 매체 기자들의 업무 시간을 미리 파악한다. 기자들이 가장 바쁠 시기인 원고 마감 날이나 시간은 최대한 피하고 한가한 시간대에 전화를 건다. 가령, 월간 잡지 기자의 경우 매달 20일부터 말일까지는 연락을 하지 않으며, 일간신문 기자의 경우 오후부터 원고 마감 시간까지는 전화를 하지 않는다. 그들이 한가해질 때까지 기다렸다가 전화를 걸어 앞서 언급한 방식으로 대화를 이끌어낸다. 그러면 십중팔구는 흔쾌히 식사 약속을 수락한다.

별로 친하지 않은 사람과 어떻게 식사 약속을 해야 할까?

당신의 생각 • 내가 가장 적합하다고 판단되는 시간과 최고급 레스토랑을 상대방에게 강력히 추천한다.

올바른 생각 • 먼저 상대방의 기호를 파악하고, 그다음에는 상대방이 시간적 여유가 있는 때를 택해서 식사 약속을 잡는다.

대화를 이끌어내는 요령

<table>
<tr><td align="center">나</td><td align="center">상대방</td></tr>
</table>

먼저 대략적인 질문을 한다.

"평소 어떤 음식을 좋아하세요?"

상대방의 대답을 기다린다.

"모두 좋아하는 편이에요."

범위를 좁혀서 다시 묻는다.

"그럼 중식을 좋아하세요,
아니면 양식을 좋아하세요?"

상대방의 확실한 대답을 기다린다.

"샤브샤브를 아주 좋아해요."

상대방의 대답에 맞장구치며 말한다.

"저도 샤브샤브 정말 좋아해요.
우리 한번 같이 먹으러 가요!"

곧바로 가능한 시간을 묻고 약속 시간을 잡는다.

"그럼 언제 시간 있으세요?
다음 주 어때요?
무슨 요일에 갈까요?"

24. 파티를 활용하여
서로의 인맥을 공유하라

두 사람만의 식사 약속 이외에도 파티를 열어 주변 친구들과 함께 즐거운 시간을 보내는 것도 인맥을 넓히는 좋은 방법이다. 파티라고 해서 생일이나 크리스마스 같은 특별한 날 유흥을 목적으로 한 놀이라고만 생각해서는 안 된다. 사회적 신분이 높은 사람의 경우 파티에 참석하는 것을 싫어한다면, 그를 끌어들여 함께 친목을 다질 만한 모임은 그리 많지 않다.

윈윈전략

그래서 내가 주로 사용하는 방법은 독서 토론회다. 나는 독서 토론회를 열어 주변 사람들과 업무에 관련된 지식과 경험을 공유하는 한편, 각자의 친구들을 서로 소개시켜주며 인맥을 교차 공유한다. 그래서인지 독서 토론회는 모두에게 인기가 많다.

매달 나는 언론 매체의 기자, 고객, 유명인사, 새로운 고객 등 7, 8명을 나의 사무실로 초대하여 특정 주제 아래 토론회를 갖는다. 예를 들어 방송통신을 주관하는 정부 부처의 담당자를 초빙하여 언론 매체의 생태, 언론 매체가 중시하는 뉴스 등에 대한 토론을 할 때는 기업의 고위층 관리들이 열성적으로 참석한다. 또한 토론에 참석하는 고객 대부분이 기업 사장이나 정부 고위급 관리인 덕분에 언론사 기자들도 인맥을 넓히기 위해 적극적으로 참여한다. 이래저래 모두에게 환영받는 모임이 된 것이다.

사실, 홍보 업무는 실체가 없는 상품이다. 고객에게 제공하는 것이 무형의 서비스이기 때문이다. 대신 옷이나 가전제품 같은 수십 만 원짜리가 아니라 수십 억 원에 거래되는 고단가의 서비스다. 이런 서비스를 거래하려면 풍성한 인맥을 관리하는 것 외에도 상대방에게 나의 능력을 구체적으로 보여줘야 신뢰감을 얻을 수 있다.

그래서 독서 토론회를 통해 새로운 고객에게는 과거 나에게 일을 의뢰했던 기존 고객을 소개해준다. 내가 제출한 홍보 기획서 이외에도 나의 능력을 엿보게 하고, 또 나와 언론 매체의 긴밀한 관계를 엿볼 기회를 주는 것이다.

독서 토론회에 참석하는 언론 매체의 기자들도 나의 고객들과 인맥을 쌓아 나중에 취재할 때 도움을 얻는다. 그야말로 모두에게 이익을 가져다주는 윈윈전략인 셈이다.

정기적인 만남으로 모임을 운영하라

독서 토론회는 홍보 업무에서 실질적인 이득을 얻기 위한 것 외에도 숨겨진 목적이 있다. 바로 정기적인 모임으로 이들과 꾸준히 만나면서 친분을 한층 돈독히 하는 것이다. 또한 독서 토론회 참석자들이 서로 친분을 다지면서 나를 구심점으로 하는 인간관계망이 만들어져 지속적으로 교류 범위가 커져가는 것이다. 즉, 독서 토론회 회원 모두가 공통의 친구를 갖게 되는 것이다. 본래는 한 사람과의 친분으로 독서 토론회에 나온 이가 나중에는 열 사람과 친구가 되고, 그만큼 화제가 다양해지고, 관계도 돈독해진다.

이런 모임은 각별히 관리해야 한다. 참석자 모두 비슷한 교육 수준과 사회적 신분이어야 서로가 필요로 하는 서비스를 충족시켜줄 수 있다. 서로에게 필요한 부분을 채워줄수록 모임에 대한 만족도가 높아지고 더욱 열성적으로 참여하게 된다. 반면, 서로 원하는 요구와 충족이 균형을 이루지 못하면 시간이 지나면서 점차 모임에 소홀하게 되고 결국엔 외면하게 된다.

독서 토론회는 대개 여덟 명에서 열 명이 참석하며, 기업의 고위층 간부나 언론사의 고위층 인사, 회계사, 변호사 등이 주요 구성원이다. 이들은 각각 서로의 도움을 필요로 한다. 가령 언론사 관계자들은 기업의 고위층 인사들과 친분을 다지고 싶어 하고, 기업의 간부들 역시 언론사 관계자들과 인맥을 쌓고 싶어 하며, 또 법률 자문을 얻기 위해 전문직 종사자들과도 친분을 쌓기를 원한다.

상당히 유명세를 떨쳤던 사교 모임들도 모두 이와 비슷한 인맥 파티였다. 처음에는 인맥을 쌓으려는 사회 초년생들이 앞다퉈 참여할 만큼 큰 인기를 끌었다. 하지만 제대로 관리가 되지 않아 유흥을 즐기는 파티로 전락했고, 더불어 사회적 영향력을 가진 이들의 외면을 받으면서 결국 본래의 목표를 상실하고 말았다.

얼핏 보기에는 내가 밑지는 장사를 하는 것처럼 보일 것이다. 독서 토론회의 장소를 제공하고, 참석자를 위해 간단한 차와 간식을 준비하고, 토론의 주제를 준비하고, 참석자들에게 일일이 연락하는 일도 모두 맡아서 하니까 말이다. 왜 그런 고생을 사서 하느냐고 묻는 이도 있겠다. 이유는 매우 간단하다. '심은 대로 거둔다'는 성경의 말을 믿기 때문이다.

인맥을 관리할 때는 절대로 인색하게 굴어서는 안 된다. 각자의 인맥을 한데 모아 공유하고, 자신의 이용 가치를 높이려고 노력하라. 이러한 노력을 통해 나는 돈으로 따질 수 없는 소중한 우정과 삶의 행복 요소를 많이 얻었으며, 내가 이 세상에서 가장 부자라는 것을 깨달았다.

특정 모임이나 동호회의 인맥 공유하기

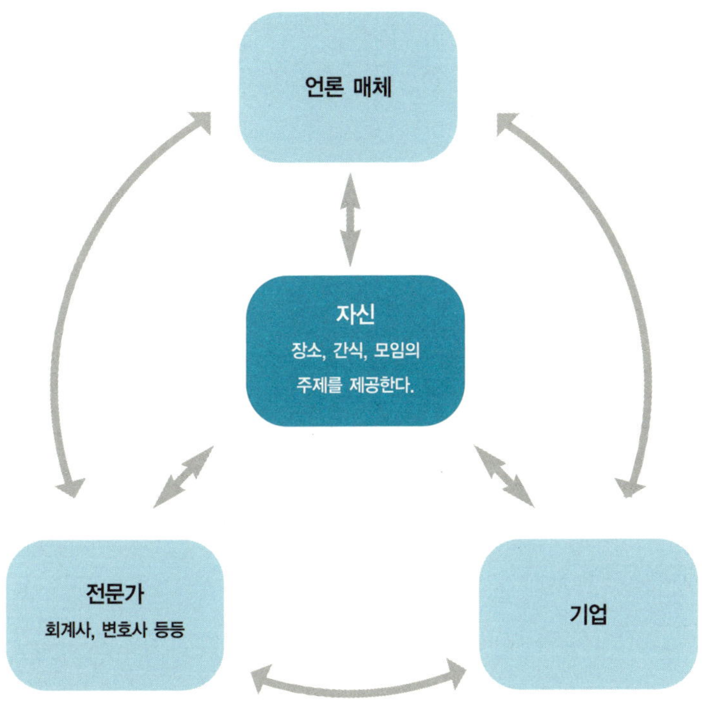

비정기적인 파티를 개최하여 상호 교류를 강화하라

앞서 설명했던 독서 토론회 같은 모임 말고도 나는 비정기적으로 파티를 연다. 가령, 크리스마스에는 와인 파티를 열고 추석에는 불고기 파티를 연다. 간단히 형식적인 선물을 보내는 것으로 대충 때우지 않고 작은 파티를 열어 즐거운 시간을 갖는 것이 좋은 인상을 주는 한편, 상호 교류의 기회도 많아져서 훨씬 유익하다. 즉, 인맥관리를 위해서라면 각종 기념일에 선물이나 카드를 보내는 것보다는 파티를 여는 것이 훨씬 효과적이다.

이러한 비정기적인 파티를 열 때도 내 나름의 원칙이 있다. 다름 아니라, 참석자 모두에게 낯선 사람의 참여를 제한하는 것이다. 지인보다 낯선 사람이 더 많으면 오붓하게 즐겨야 할 파티가 비즈니스 접대로 변질되기 때문이다. 생각해보라. 크리스마스와 추석 같은 날에 비즈니스 접대를 하고 싶은 사람이 어디 있겠는가? 그날만큼은 가족, 지인들과 함께 즐겁고 행복한 시간을 누리고 싶어 하는 것이 인지상정이다. 때문에 낯선 사람을 많이 초대한다면 아마 대부분은 참석을 거절할 것이다.

그래서 나는 파티를 열 때는 구성원 대부분을 익숙한 지인들로 채우고 낯선 사람은 두세 명 정도 추가한다. 그렇게 하면 가볍고 친숙한 분위기에서 새로운 친구를 사귈 수 있다. 인맥은 이처럼 가볍고 편안한 분위기에서 쌓이는 것이다.

25. 목표를 정한 뒤
접촉할 기회를 만들고, 대화를 이끌어라

앞서 설명했듯이, 단둘만의 식사 약속을 하거나 파티를 여는 것은 사실 의도적으로 인맥을 넓히려는 방식이다. 하지만 사람들이 저마다 다르듯 상대방에 따라 방법을 달리해야 한다. 일부 사람들은 순전히 인맥을 쌓기 위한 의도적 모임이나 활동을 그다지 좋아하지 않는다. 이럴 때는 재치가 필요하다. 얼핏 보기에 우연한 만남을 통해 자연스럽게 모임이 이루어졌다는 느낌이 들도록 장소나 방법 등을 연구해야 한다. 그러면 의도적으로 인맥을 관리하는 방식보다는 훨씬 좋은 인상을 심어줄 수 있다.

물론 자연스러운 만남처럼 보이게 할지라도 그전에 상대방의 정보를 철저히 파악해두는 것을 잊어서는 안 된다. 당신이 인맥을 만들고 싶은 사람의 기호가 어떤지, 가장 중시하는 것이 무엇인지, 어떤 모임에 즐겨 참석하는지 등을 자세히 살펴야 한다. 가령, 상대방이 골프를 즐긴다는 사실을 알고 일부러 골프장을 찾아 우연히 만난 것처럼 가장하는 것은 속이 뻔히 드러나는 수법이므로 피하는 게 좋다.

가장 좋은 접촉 방법은 상대방의 기호를 파악한 뒤 당신과 공통된 부분을 찾아내어 둘이 함께 참여할 모임을 물색하는 것이다. 그렇게 하면 상대방과 긴밀한 관계를 유지할 수 있다.

예를 들면 다음과 같다. 친해지고 싶은 사람 중에 명품 브랜드 유통 회사의 사장이 있었다. 우리 회사가 주로 명품 홍보 활동을 맡았기 때문에 고객 확보 차원에서 그녀와 인맥을 쌓고 싶었다. 그녀와 만날 기회를 엿보고 있던 나는 마침 안성맞춤의 모임 하나를 찾아냈다. 나는 그 모임에 나가기 전에 그녀에 관한 기본적인 정보를 파악하고, 나와 공통점이 없는지 살펴보았다. 그 결과 그녀에게 내 딸 또래의 아이가 있다는 사실을 알아냈다. 그래서 나는 모임에 나가기 전에 구연동화 교실 티켓을 준비해서 그녀에게 건넸다.

결국 우리는 자연스레 주말에 각자 딸아이를 데리고 구연동화 교실에 나갔다. 물론 우리는 홍보 회사 직원과 명품 브랜드 유통 회사 사장이라는 직함을 떠나 또래의 딸아이를 가진 엄마로서 아무런 경계심 없이 자연스레 대화를 나누었다.

이처럼 업무 외의 장소에서 접촉하는 기회가 생기면서 우리

두 사람은 더욱 가까워졌다. 우리는 딸아이에 대한 이야기를 주고받다가 자연스레 업무 이야기로 화제를 옮겼다. 역시 '공적인 일과 사적인 일을 적절히 결합'한 결과로 돈독한 친분을 쌓을 수 있었다.

그 뒤 나는 그녀 회사와 업무 제휴를 하게 되었다. 사적인 친분이 있었기에 여러 가지 협상을 벌일 때마다 쌍방의 의견이 치열해지자면 잠시 딸아이 이야기로 화제를 돌려 서로의 감정을 누그러뜨렸다. 덕분에 협상 과정을 순조롭게 끝낼 수 있었다.

마음을 열고
인간관계를 확대하여
서로의 인맥을 공유하라.

26. 바다로 모이는 물줄기처럼
인맥을 넓혀라

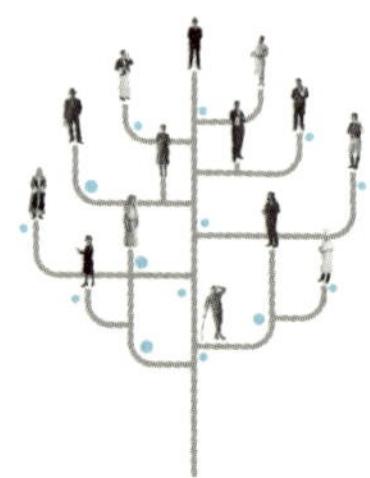

　내가 즐겨 인용하는 성경 구절 가운데 '어리석은 사람은 모래 위에 집을 짓고 지혜로운 사람은 반석 위에 집을 짓는다'는 말이 있다.

　인맥은 무형의 자산이다. 넓은 안목으로 성의를 다해 모든 인맥을 소중히 관리할 것인가, 아니면 눈앞의 이익에만 급급하여 돈이 되는 인맥만 좇을 것인가?

　내가 창업한 첫해, 고객이 전혀 없는 제로 상태에서 새롭게 시작한 나는 인터넷 구직 사이트의 고위층 담당자를 알게 되었다. 당시 우리는 전략적 제휴를 하여 성공하면 서로 이윤을 나눠가지는 문제를 논의했다. 전략적 제휴를 정식으로 계약하기도 전에 그는 고객을 소개해주는 족족 머릿수당 이윤을 계산하여 지급을 요청했다. 나로서는 최소한 절반의 영업 이윤을 떼 줘야 할 판이었다. 내가 깜짝 놀라 이유를 묻자 그는 덤덤한 표 정으로 이렇게 말했다.

"제가 고객을 연결시켜줬잖아요."

그가 무리한 요구를 하는 순간 나는 그의 '욕심'에 깜짝 놀랐 다. 하지만 그에게 부정적인 반응을 보이거나 말다툼을 벌이지 않았다. 그저 저토록 욕심 많은 사람과는 교류를 계속할 수 없 다는 생각을 했다. 나는 나의 결심을 입 밖으로 알리거나 커다 란 행동의 변화를 보이는 대신 점차 그와의 연락을 소홀히 했 다. 그는 자신이 나의 블랙리스트에 오른 줄은 새까맣게 모르 고 있을 것이다.

인맥을 공유하고 서로의 인간관계망을 연결시켜라

앞서 설명했듯이 파티를 여는 목적 중 하나는 주위 사람들의 인맥을 한데 연결하여 공유하기 위해서다. 서로 모르던 사람들 이 나를 통해 알게 되고, 이로써 인간관계망은 더욱 복잡해지 고 긴밀해진다. 인맥의 공유는 인간관계를 오래 유지하는 비결 이다. 여기서 다시 한 번 인맥을 어떻게 공유해야 하는지 살펴 보자.

대다수 사람은 친구를 다른 사람에게 소개시켜줄 때 약간의 긴장과 걱정을 한다. 자신만의 인맥을 남에게 뺏긴다는 불안감에 빠지는 것이다. 하지만 그런 걱정은 저 멀리 던져버려라.

인맥은 물과 같다. 인맥이 한층 확대되거나 발전할 기회를 갖지 못하면 고인 물이 썩는 것처럼 점차 쓸모없어지고 만다. 물이 항상 신선하고 깨끗하려면 사방으로 흐르도록 만들어야 한다. 그러면 수원(水源)에서는 계속 새로운 물이 솟구쳐 활력과 신선함이 유지되고, 물은 더 멀리 더 넓게 흘러간다.

내 고객 중 전국적인 규모의 프랜차이즈 영어 학원장이 있었다. 그는 내가 인맥을 공유한 덕분에 큰 보답을 받은 사례에 속한다.

처음 그 원장과 알게 된 것은 그저 우연이었다. 딸아이를 영어 학원에 바래다주면서 자연스레 학원장과 안면을 트게 된 것이다. 학원장은 이제 막 미국에서 유학 생활을 끝내고 돌아온 아들과 함께 학원을 운영하고 있었다.

평소 사람들과 대화하기를 즐기던 나는 원장과 이런저런 이야기를 나누다 자식들 이야기로까지 화제가 번졌다. 원장은 자기 아들이 학벌은 좋은데 여자 친구가 아직 없다며 걱정을 했다. 그 말에 나는 귀가 솔깃해졌다. 원장의 아들과 아주 잘 어울리는 아가씨를 알고 있었기 때문이다.

"제가 아드님 소개팅 주선 좀 할까요? 아주 참한 아가씨를 알고 있는데……"

나는 평소 주변 사람들 가운데 학벌이나 배경이 비슷한 이들이 있으면 동성이든 이성이든 잘 소개시켜주는 편이다. 이들의 관계가 밀접해지면 주변의 인맥이 물줄기처럼 더 멀리 더 넓게 퍼지기 때문에 적극적으로 나선다.

나는 먼저 쌍방의 동의 아래 원장 아들의 신상명세서를 여성에게 전달했다. 그리고 내가 갖고 있던 여성의 자료도 원장 아들에게 전달했다. 그 여성은 나의 고객으로, 최근에 그녀 회사의 미디어 광고 업무를 도와준 적이 있었다. 마침 당시 내가 수집했던 자료가 있어서 원장 아들에게 전했던 것이다. 그런데 뜻밖에도 원장 아들은 내가 보낸 자료를 보고 난 뒤 영어 학원의 홍보 업무를 우리 회사에 맡기는 문제에 대해 심사숙고하기 시작했다.

두 사람이 친해지고 난 뒤 원장 아들은 그 여성에게 여러 가지를 물어보았다. 회사의 실적이 어떤지, 미디어 광고가 회사의 발전에 어떤 실질적인 이득이 되었는지, 그리고 나와 우리 홍보 회사의 업무 서비스에 대해서도 꼬치꼬치 물었다. 우리 회사의 홍보 업무에 만족스러웠던 여성은 긍정적인 평가를 해 주었다. 그리고 얼마 뒤 원장 아들이 영어 학원의 홍보 업무를 나에게 의뢰했다.

나는 결국 뜻밖의 좋은 고객 한 명을 얻게 되었다. 어떤 의미에서는 전혀 뜻밖의 수확이라고는 할 수 없지만……

인맥을 주변 사람들과 공유하면 이와 비슷한 기회가 많이 생긴다. 이는 스쿼시와 같은 원리다. 나의 자원인 인맥을 힘껏 밖으로 내던져 많은 사람과 공유할수록 더 큰 반동으로 나에게 되돌아온다.

지금 자신의 주위를 둘러보라. 자신의 인맥 가운데 어떤 사람들을 서로 소개시켜주며 연결시켜줄 수 있는지 말이다. 인색하게 굴지 말고 대범하게 인맥을 공유하라! 수원에서 끊임없이 광천수가 솟구치듯 자신의 인맥을 밖으로 퍼뜨리면 그만큼의 좋은 일이 생길 것이다. 심지어 갑절의 보답을 받게 될 것이다.

인맥은 수시로 변해야만 끊이지 않고 더 멀리 더 넓게 확대된다.

27. IT 통신은 도움이 될 때도 있고, 손해가 될 때도 있다

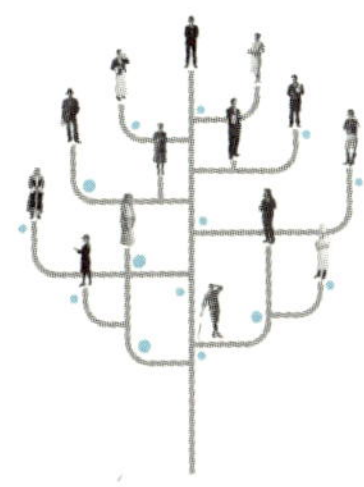

오늘날 우리는 과학 기술의 편의를 한껏 누리고 있다. 예전에는 편지나 유선전화로만 연락이 가능했지만 지금은 인터넷 메신저, 페이스북, 이메일, 휴대전화 등 다양한 통신수단을 이용할 수 있다. 나는 이처럼 정보통신이 발달한 시대에 살고 있다는 사실이 참으로 좋다. 과학 기술 덕분에 우리는 지구 저편에 사는 사람과도 마주보고 이야기하듯 수월하게 연락을 주고받을 수 있다.

이러한 IT 통신수단은 또 다른 한편으로는 쌍방의 거리를 일정하게 유지해주고, 사생활을 보호해주는 특성이 있다. 그래서 갑작스레 상대방을 곤란하게 만들거나 민폐를 끼치는 일 없이 연락을 유지할 수 있다. 그뿐만 아니라 IT 통신수단은 상대방의 기호, 일상생활, 심지어 그가 참여하는 모임 등을 알 수 있게 도와준다. 이 얼마나 실용적이고 편안한 도구인가?

IT 통신수단을 통해 상대방을 관찰할 수 있을 뿐만 아니라 그 사람을 좀 더 자세히 이해할 수 있다. 내가 알고 있는 상당수 매니저도 길거리 캐스팅을 나설 때는 IT 통신수단을 활용한다. 보통 길거리 캐스팅을 할 때 예쁜 여학생에게 전화번호를 요구하면 불순한 의도를 가진 사람으로 오해를 많이 받았다. 하지만 지금은 인터넷 메신저나 페이스북 혹은 이메일 주소를 묻는다. 전화번호보다는 훨씬 간접적이어서 상대방에게도 불순한 의도를 의심받을 일이 크게 줄어들었다.

인터넷 메신저, 페이스북, 이메일 주소를 획득하면, 이를 통해 상대방에게 자신의 업무 현황, 생활 습관, 주변 친구들과의 교류 현황을 보여줄 수 있다. 그러면 상대방은 경계심을 풀게 되고 그만큼 서로의 거리감도 줄어든다.

문제는 이러한 IT 통신수단을 얼마나 적절하게 활용하여 상대방의 마음을 움직이느냐다. 현대 과학 기술의 도구를 당신의 인맥을 쌓는 무기로 활용하려면 요령이 필요하다.

페이스북 활용이 상대방에게 부담이 되지 않도록 하라

페이스북에는 '심리 테스트', '기브하트' 같은 다양한 종류의 애플리케이션이 있다. 얼핏 보기에는 친구들과의 친분관계를 유지해주고 교류를 이어주는 방식이다. 하지만 이러한 것에 익숙하지 않거나 친하지 않은 사람에게는 오히려 부담이 될 수 있다. 가령 상대방이 하트를 보내왔을 때 어떤 반응을 나타내야 할지, 모른 척해도 좋을지 난감하다. 내가 충고하건대, 절친한 친구라면 상관없겠지만 그다지 친한 사람이 아닌 경우에는 삼가는 것이 좋다.

인맥관리에서 가장 조심해야 할 것은 상대방에게 부담을 주는 것이다. 당신의 인사가 상대방에게 부담이 된다면 더 이상의 교류는 기대하기 힘들다. 그러므로 페이스북을 이용한 교류에는 각별히 신경을 써야 한다.

언젠가 언론사 기자가 자신의 페이스북에 이런 글을 올린 것을 본 적이 있다.

'나는 눈코 뜰 새 없이 바쁜 사람입니다. 제발 하루 온종일 심리 테스트를 한답시고 질문 던지지도 말고, 또 내가 평생 몇 번 사랑에 빠질 거라는 시답잖은 예언도 보내지 말아주세요.'

만일 당신이 친구로 사귀고 싶은 사람이 그 기자라면 페이스북의 애플리케이션을 통해 친분관계를 쌓고 싶어 하는 당신의 호의가 오히려 부담이 될 것이다.

페이스북을 이용하다 보면 친구 숫자에 연연하는 이들이 많다. 때때로 페이스북의 친구 숫자는 흐르지 않고 멈춰 있는 고인 물처럼 변하지 않기도 한다. 언젠가 이런 일이 있었다. 오랫동안 연락이 끊겼던 친구가 있었다. 부모교육 전문가로 활동하고 있었는데, 어느 날 나의 페이스북에 친구 신청을 해왔다. 친구가 많을수록 좋다는 생각에 나는 흔쾌히 수락했다. 그런데 다음 날, 그 친구가 나의 페이스북 친구 명단을 모조리 자신의 친구 명단에 올린 것을 보았다. 알고 보니 그 친구는 지인들의 페이스북에 실린 친구 명단을 수집하고 있었던 것이다. 생각해보라. 자신의 개인 자료와 사생활이 낯선 사람의 페이스북에 오른다면 얼마나 찝찝하고 불쾌할까?

페이스북을 이용할 때 업무상 그다지 친하지 않거나 혹은 업무적으로 가끔 왕래하는 사람에게는 특별히 조심해야 한다. 인맥을 쌓으려고 안달하는 인상을 주지 않고 자연스럽게 다가가야 한다. 사적인 이야기를 할 때는 상대방의 사생활을 캔다는 느낌을 줘서도 안 된다. 이것만 잘 지킨다면 페이스북은 가장 좋은 인맥관리의 도구가 될 것이다.

얼핏 듣기에는 어려워 보이지만 실상 조금도 어렵지 않다. 그저 나아갈 때와 물러날 때를 잘 알아서 적절한 시기에 좋은 관계를 구축하면 된다.

예전에 나의 고객 중 에르메스 브랜드 유통 회사의 사장이 있었다. 상대가 사회적 거물이었기에 개인적으로 교류할 기회를 얻을 수 없었다. 한동안 업무상 교류만 하던 나는 페이스북을 이용해 한층 더 다가가기 시작했다.

나는 바로 위에서 언급한 원칙을 잘 고수하면서 교류를 시도했다. 상대방의 생활을 방해할 만한 심리 테스트나 기브하트 보내기 따위는 절대 하지 않았다. 대신 상대방이 새로운 화제의 글을 올릴 때면 꼬박꼬박 '찬성'을 클릭하여 내가 그녀의 페이스북을 관심 있게 본다는 사실을 간접적으로 알렸다. 지속적으로 관심을 갖고 상대방의 페이스북을 지켜보면, 상대방이 과거 어떤 일을 좋아했는지, 또 어떤 주제의 문제에 관심을 갖고 있는지, 사적인 생활에서 그녀의 성격은 어떠한지를 대충 이해할 수 있다. 또한 페이스북에서 수집한 정보를 토대로 상대방을 어떻게 응대해야 하는지, 더불어 내가 어떤 서비스로 상대방을 만족시킬 수 있는지를 알 수 있다.

나는 내가 자신 있는 전문 분야의 문제가 화제에 오를 때에만 그녀의 페이스북에 글을 남겼다. 이런 방식으로 그녀가 필요로 하는 서비스를 제공해줄 수 있다는 인상을 심어준 것이다.

한번은 그녀가 실내 인테리어가 담긴 사진 세 장을 페이스북에 올렸다. 자신의 남편이 새로 별장을 마련했는데, 어떤 인테리어가 어울리는지 친구들에게 답글을 달라고 글을 남겼다. 나는 홍보 전문가로서 인테리어에 대해서도 남다른 일가견이 있었기에 즉시 댓글을 달아 조언을 남겼다. 그 일을 계기로 그녀는 나에게 호감을 갖게 되었고, 점차 업무에 관한 이야기를 주고받으며 친분을 쌓게 되었다.

다시 한 번 강조하지만, 페이스북의 잡다한 심리 테스트는 상대방을 귀찮게 할 뿐이다. 또한 기브하트는 친하지 않은 사람에게는 절대로 보내서는 안 된다. 그저 간단하게 '찬성'을 클릭하여 상대방에게 관심을 갖고 있다는 사실을 간접적으로 알리는 정도에서 조금씩 다가가야 한다.

휴대전화 문자메시지

나는 휴대전화 문자메시지 기능이야말로 위대한 발명이라고 생각한다. 이 얼마나 편리한 연락방식인가? 그래서 나는 휴대전화 문자메시지에 최첨단 개인 메모지라는 별명을 붙였다.

휴대전화 문자메시지는 매우 개인적인 정보 전달방식으로, 메시지의 약 98퍼센트를 자기 혼자만 본다. 때문에 적당한 시간에 적절한 내용의 문자메시지를 보낸다면 상대방에게 깊은 인상을 심어주고 서로의 거리를 좁힐 수 있다. 나는 중요한 정보를 주로 휴대전화 문자메시지로 보낸다.

현대인들은 매우 바쁘다. 특히 비즈니스맨들은 더더욱 그러하다. 상대방이 친구거나 혹은 친숙한 사람이 아닌 이상은 전화하기 전에 먼저 문자메시지를 보내 용무를 밝히고 언제쯤 연락을 하겠다고 미리 양해를 구하는 것이 좋다.

첫째, 예의가 있어야 하며, 둘째, 당신의 전화로 말미암아 상대방의 업무에 지장을 초래하거나 혹은 회의를 중단하게 만들어 상대방이 허겁지겁 휴대전화를 꺼버리는 상황을 초래해서는 안 된다. 문자메시지를 먼저 보내 연락할 시간을 미리 알려

라. 그 시간이 적절하지 못할 경우 상대방은 즉시 당신에게 문자메시지를 보내 다른 시간대를 알려줄 것이다. 또한 미리 연락 시간을 통보받으면 전화를 받을 마음의 준비를 하게 되므로 두 사람의 대화가 매우 순조롭게 이루어질 수 있다.

비즈니스 교류를 할 때는 대부분 긴장하거나 혹은 공적인 태도로만 대하여 자신도 모르는 사이 서로에게 거리감을 주게 마련이다. 사실, 이것은 일종의 자기 보호다. 그런데 개인적인 내용의 문자메시지를 주고받으면 공적이든 사적이든 친밀감이 형성되어 서로에 대한 경계심이 사라지고 진심으로 대하는 관계가 된다.

여기서 주의해야 할 점은, 기념일이나 명절 같은 때 보내는 형식적인 문자메시지는 삼가라는 것이다. 대부분의 사람은 이러한 문자메시지를 받으면 귀찮아하며 습관적으로 당장 지우게 마련이다. 상대방이 감동받는 일은 더더구나 없다. 만일 부득이하게 보내야 한다면 틀에 박힌 상용구는 피하라. 그러한 내용은 아무런 효과도 없을뿐더러 오히려 성의가 부족하게 느껴져 이미지만 깎인다.

휴대전화 문자메시지를 상대방과 사적인 정보를 전달하는 수단으로 삼아라. 상대방이 가장 필요하거나 혹은 가장 원하는 정보가 무엇인지를 파악해서 보내면 된다.

문자메시지를 보내는 시간도 신중해야 한다. 문자메시지 보내는 시간대를 잘못 선택하면 상대방의 반감을 불러일으킬 수 있다. 때문에 상대방이 한창 바쁜 시간에는 절대로 문자메시지를 보내면 안 된다. 휴대전화는 항시 몸에 지니고 다니는 것으로 극히 개인적인 비품이다. 이러한 휴대전화의 특성을 고려하여 문자메시지를 보내는 시간대를 신중하게 선택해야 한다.

언젠가 기자회견이 끝났을 때다. 나는 어느 언론사 차장에게 기자를 보내줘서 고맙다는 감사의 메시지를 작성했는데, 그날 곧바로 문자메시지를 보내지는 않았다. 기자회견 당일은 그날의 회견 내용을 신문에 싣느라 모두 우리 회사와 나에 대한 기억이 뚜렷이 남아 있을 게 분명했다. 그래서 일부러 다음 날 문자메시지를 보냈다. 그러면 상대방에게 나의 존재를 다시금 각인시킬 수 있기 때문이다.

그런데 시간을 너무 끌어 사나흘 뒤에 문자메시지를 보낼 경우 오히려 역효과가 날 수 있다. 이처럼 문자메시지를 보낼 때는 시간을 꼼꼼히 따져야 하는데, 내용도 마찬가지다. 문자메시지 내용은 개성적이면서도 성의가 담겨 있어야 한다. 지나친 농담이나 혹은 형식적인 인사말은 오히려 상대방이 반감을 가질 수 있으므로 주의하라.

의미 없는 농담이나 우스갯소리로 상대방을 난처하게 만들지 말라.

인터넷 메신저

인터넷 메신저도 마찬가지다. 먼저 이 도구의 특성을 잘 생각해보라. 사람들이 대개 언제 메신저를 사용하는지 말이다. 메신저로 메시지를 보내기에 가장 적합한 시기와 내용을 잘 선택하여 활용하면 인맥관리가 몇 곱절은 수월해진다.

인터넷 메신저는 대부분 회사 사무실에서 업무 시간에 가장 많이 사용한다. 이러한 특성을 고려했을 때 지나치게 사적인 내용의 대화는 삼가야 한다. 공적인 일 위주로 혹은 당신이 상대방에게 제공하려는 서비스 내용에 대해서만 이야기하라. 그래야만 상대방 업무를 방해하는 실수를 피할 수 있다.

인터넷 메신저로 날씨 이야기나 안부 이야기를 주고받고 싶다면 절친한 친구에게만 하라. 그 외의 사람들과는 절대로 메신저로 잡담을 나눠서는 안 된다. 상대방의 근무 상황을 전혀 모르는 상태에서 메신저로 잡담을 나누는 것은 지뢰를 밟는 것과 똑같다. 상대방과 친분관계를 돈독히 하기는커녕 오히려 불쾌감에 짜증을 불러일으킬 수 있다.

나는 인터넷 메신저를 이용할 때 나름의 금기 사항을 만들어서 지키고 있다. 즉, 용건이 없는 이상은 절대로 상대방에게 메신저로 대화를 주고받지 않는다. 또한 메신저 내용은 내가 상대에게 제공하는 서비스 내용으로만 국한한다. 상대방을 난처하게 만들거나 귀찮은 느낌을 주지 않기 위해 '식사는 했습니까?' 같은 일상적인 인사말은 하지 않는다.

상대방이 업무로 바쁠 때는 중요하지 않은 일이나 쓸데없는 잡담을 피하라. 인터넷 메신저를 잘 활용하는 정확한 방법은 공적인 일을 위주로 이야기하되, 간략하게 중점만 말하는 것이다.

IT 통신수단의 적합한 사용 방법

페이스북

장 점　글과 사진이 있고, 언제든지 상대방의 근황을 확인할 수 있다.

사용방식　상대방 페이스북의 업그레이드 상태를 관심 있게 살펴보며 가끔씩 답글을 달거나 상대방의 글에 찬성 표시를 한다.

주의 사항
· 친하지 않은 사람에게 게임이나 테스트 같은 것으로 귀찮게 해서는 안 된다.
· 상대방의 친구를 모조리 자신의 친구로 올려서는 절대로 안 된다.

휴대전화 문자메시지

장 점
· 직접 전화를 거는 것에 비해 상대방을 곤란하게 만드는 일이 없다.
· 개인적인 성격이 강하므로 중요한 정보를 전달하기에 적합하다.

사용방식　상대방에 맞는 맞춤성 정보를 개성 있게 전달한다.

주의 사항　상대방에게 피해를 주지 않는 시간대에 적절한 내용의 메시지를 보내도록 주의한다. 상투적인 문구의 메시지는 삼간다.

인터넷 메신저

장 점　실시간으로 빠른 소통이 가능하다.

사용방식　간략하게 대화를 주고받는다. 근무 시간에는 공적인 이야기를 하며 사적인 잡담은 피한다.

주의 사항
· 친하지 않은 상대방과는 인터넷 메신저로 잡담을 나눠서는 안 된다.
· 메신저로 대화할 때 과도한 아이콘 사용은 피한다.

28. 상대방에게 당신의 존재를
각인시키면 80퍼센트는 성공한 것이다!

　사실 통신수단이 제아무리 많아도 모두 보조적인 수단에 지나지 않는다. 인맥관리에서 가장 중요한 것은 상대방에게 이익이 되는 일을 하는 것이다. 그러면 상대방은 절대로 당신을 잊지 않을 것이며, 당신이 제공한 도움이나 서비스를 마음 깊이 새기고 언젠가 보답을 해줄 것이다.

　사회적 신분이 높고 권력을 가져야만 사람들을 도와줄 수 있다고 생각하지 말라. 사회적 신분이 높지 않아도, 큰 부자가 아니어도 누군가의 도움이 필요할 때가 있고, 또 누군가에게 소중한 도움을 베풀 때가 있다. 이러한 이치를 잘 깨닫는다면 좋은 인맥을 쌓을 기회를 거머쥘 수 있을 것이다.

　나도 한때는 홍보 업무에서 가장 중요한 것이 언론사와의 관계라고 여겼다. 그래서 각 언론사의 고위급 간부 혹은 상당한 역량을 발휘하는 중견급 기자들을 주요 목표 대상으로 삼아 수단과 방법을 가리지 않고 인맥을 쌓으려고 노력했다. 명절이든 아니든 수시로 선물을 보내고, 식사 초대를 했지만 나를 기억해주는 이는 그리 많지 않았다.

그런데 어느 날, 어느 언론사의 중견급 기자가 사표를 냈다는 소식을 듣고 나는 그 기자를 찾아가 위로하며 관심을 베풀었다. 절실한 도움을 필요로 할 때 도와주는 것이야말로 그 가치가 더 큰 법이다. 여러 홍보 회사에서는 그가 회사를 그만뒀다는 소식을 듣고는 대부분 연락을 끊었다. 그런데 나는 정반대로 그에게 자주 연락하고 식사 초대도 하며 친분을 쌓기 시작했다. 물론 그는 나의 진심 어린 관심에 크게 감동을 받았고, 우리 관계는 훨씬 친밀해졌다. 나중에 그는 언론사 일을 다시 시작하였고 나의 홍보 업무에 발 벗고 나서서 도와주었다.

여기서 알 수 있듯이, 사회적 신분이 높고 권력이 있는 사람만이 남에게 도움을 주는 것은 아니다. 적절한 시기에 진심을 다해 상대방을 도우면 당신의 존재를 각인시킬 수 있다.

이런 사례도 있다. 티파니 회사는 한때 나의 중요한 고객이었다. 나는 티파니 회사 홍보를 위해 방송국과 제휴하여 〈슈퍼 VIP실의 비밀〉이라는 프로그램을 기획했다. 이러한 프로그램에는 특별 출연자가 여러 명이어도 상관없었는데, 문득 좋은 아이디어가 떠올랐다. 미래의 고객을 유치한다는 생각으로 함께 방송에 출연할 만한 다른 명품 유통 회사를 찾아본 것이다.

마침 어느 명품 브랜드 회사에서도 TV 홍보 기회를 물색하고 있다는 소식을 전해 들었다. 나는 곧장 그 회사의 사장을 찾아가 프로그램 출연을 제안했다. 비록 우리 홍보 회사의 고객은 아니었지만 그 사장에게 깊은 인상을 심어줄 기회라고 생각했다.

과연 TV 방송 출연 후 그 명품 브랜드의 사장은 나에게 무척 고마워했다. 그녀는 내게 선물을 보내줬고, 또 개인적으로 자주 연락을 해와 나중에는 절친한 친구가 되었다. 나의 고객이 아닌 상태에서 상대방이 필요로 하는 서비스를 제공해준 덕분에 오히려 더욱 탄탄한 친분관계를 쌓게 된 것이다.

진심 어린 마음으로 상대방에게
잊을 수 없는 기억을 선물하라.

29. 남다른 선물 방법으로
상대를 감동시켜라

대다수 사람은 돈독한 인맥을 유지시키는 최고의 방법으로 선물을 꼽는다. 특히 매년 찾아오는 명절이나 기념일은 절대로 놓치지 않고 주변 사람들에게 선물을 보낸다. 하지만 이러한 생각에 찬물을 끼얹는 말 같지만, 그러한 선물 방법은 별다른 효과를 발휘하지 못한다. 당신이 보내는 선물이 매우 특별하지 않은 이상 선물 더미 속에 처박히고 말 것이다. 특히 내가 상대하는 언론사 기자들은 매년 명절 때마다 여기저기서 들어오는 선물들이 산더미처럼 쌓이기 일쑤다. 그래서 선물을 처치하기가 어렵다고 투덜거리는 이들도 많이 봤다. 이러한 상황에서 나 역시 똑같이 선물 보내기 대열에 합류한다면 그건 돈 낭비에 불과할 뿐이다.

물론 그렇다고 선물을 생략할 수는 없다. 마땅히 표시해야 할 예의는 잊지 말아야 하니까. 그렇다면 내가 보내는 선물이 온전히 그 값어치를 다하게 만들 방법은 없을까?

간단한 방법이 있다. 얼마나 값비싼 선물을 보내느냐가 아니라 얼마나 적절한 시기에 선물을 보내느냐를 가리면 된다. 보통 명절이나 특별한 기념일에는 선물에 대한 기대치가 무척 높을 뿐만 아니라 선물 자체도 그저 습관적인 '의식'의 일환일 때가 많다. 별다른 실질적인 의미가 없다는 뜻이다. 이 때문에 상대방에게 선물이 주는 기쁨을 온전히 느낄 수 있게 하려면 다른 사람이 선물을 보내지 않는 때를 택해 보내면 된다. 그러면 상대방에게 잊지 못할 기쁨을 안겨줄 수 있다.

예컨대, 나는 평소 언론사 편집장들과 친분을 쌓고 있다. 물론 그중에는 그저 업무상의 친분으로 전화로만 교류할 뿐 실제로 만난 적이 없는 이들도 있다. 우리 회사에서 홍보 제품 관련 기자회견을 열 때면 언론사에서는 취재 기자를 보낸다. 나는 감사의 표시로 선물을 준비하는데, 기자가 오든 안 오든 모든 언론사 편집장에게 잊지 않고 선물을 보낸다. 직접 손으로 쓴 카드도 꼭 챙겨서 말이다.

'이번에 저희 회사에서 행사를 개최했습니다. 귀사의 기자분들이 참석하지 못해서 안타까웠지만 항상 관심을 기울여주시는 점에 감사드립니다. 이번 행사를 위해 작은 선물을 준비했는데, 저도 좋아하는 물건이라 특별히 편집장님을 위해 몇 개

남겨뒀습니다. 아무쪼록 마음에 드셨으면 하는 바람입니다.'

이러한 감사의 인사는 십중팔구 상대방에게 깊은 인상을 심어주게 마련이다. 게다가 기자를 보내지 않았는데도 선물을 챙겨서 보내면 대개 뜻밖의 일이라 여기며 깊은 인상을 받는다.

여기서 보듯이 선물로 상대방을 감동시키기란 그다지 어려운 일이 아니다. 그저 남들과 약간 다른 방식으로 선물을 보내면 된다. 상대방이 전혀 생각지 못한 때 선물을 보내면 똑같은 물건이라도 갑절의 효과를 발휘한다는 사실을 기억하라.

다섯 번째 노트 정리와 복습

❖ 적절한 시기에 연관성 있는 화제로 상대방의 기호를 파악하고, 교류 기회를 늘리며, 세심한 관심으로 상대방을 감동시키면 친구가 될 확률이 높다.

❖ 인맥을 공유하는 것에 대해 인색하게 굴지 말라. 주변 친구들과 함께 파티를 열거나 모임을 만들어 서로의 인간관계망을 공유하면 더욱 넓은 인맥을 쌓을 수 있다.

❖ IT 통신을 사용할 때는 예의범절에 주의를 기울여야 한다. 잘못된 시점에 연락하여 상대방의 업무를 방해하거나 혹은 잦은 연락으로 상대방에게 부담을 주어 블랙리스트에 오르지 않도록 주의하라.

적을 만들지 않는 인간관계의 비밀

인맥을 귀인으로 바꾸는 비결

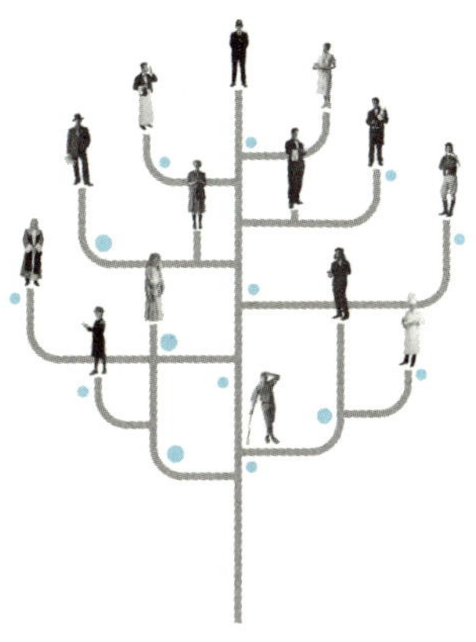

인맥은 저금과 마찬가지로 평소에 열심히 저축해야 한다. 더불어 인맥을 잘 활용하는 법을 터득해야 한다. 그래야만 애써 저축한 인맥을 100퍼센트 활용할 수 있다. 인맥을 관리하는 데는 오랜 시간이 필요하다. 그러므로 서두르거나 혹은 눈앞의 이익에 급급해서는 안 된다.

30. 인맥을 저축하는 동시에
활용할 줄 알아야 한다

인맥을 쌓고 싶은 대상을 어렵사리 찾아내어, 친분관계를 쌓고, 그 사람의 정보를 기록하여 인맥 이력표를 만들고, 중요도에 따라 인맥을 등급별로 분류하여 정리한다. 그럼 이렇게 정리한 정보를 도대체 언제 활용해야 할까? 어떻게 활용해야 인맥이 절실히 필요한 순간에 그 효과를 십분 발휘할 수 있을까? 또한 애써 쌓은 인맥을 일회용에 그치지 않고 오랫동안 관리할 방법은 무엇일까?

힘들게 쌓아올린 인맥을 제대로 활용하지 못해 그동안의 노력이 수포로 돌아가지 않도록 이제 인맥을 활용할 때의 요령과 금기 사항을 소개하려고 한다.

나는 줄곧 인맥을 저축에 비유하며 평소 많은 인맥을 쌓으려고 노력했다. 알다시피 돈을 무조건 쟁여두는 게 좋기만 한 것은 아니다. 인맥도 마찬가지다. 중요한 것은 얼마나 잘 활용하는가이다. 고생해서 쌓아올린 인맥을 잘 활용하여 최대의 효과를 누리는 것이 무엇보다 중요하다.

만일 '인맥 쌓기'와 '인맥 활용하기' 중에 어느 것이 더 중요하냐고 묻는다면, 난 후자가 더 중요하다고 대답할 것이다. 힘들게 쌓은 인맥을 제대로 활용하지 못한다면 그동안의 노력이 모두 물거품이 되지 않는가?

예컨대 매달 월급이 400만 원 정도라고 하자. 비록 굉장히 큰 액수는 아니지만 장기적으로 계획을 세워 예금, 생활비, 교육비, 주식투자 비용 등으로 나눠서 알뜰하게 사용하면 10년, 20년 후에는 좋은 집을 장만할 만큼의 목돈을 마련할 수 있다. 인맥도 마찬가지다. 처음 사람들과 친분을 맺고, 인맥을 넓히고, 오랫동안 잘 유지하고 관리하는 것도 중요하지만, 무엇보다도 그러한 인맥을 실질적으로 잘 활용할 수 있어야 한다. 만일 인맥을 제대로 활용하지 못하거나 잘못된 시기에 잘못된 인맥을 활용했을 때는 도움을 얻기는커녕 상대방을 곤경에 빠뜨릴 수도 있다. 심지어 자신의 명성에 크나큰 흠집을 낼 수도 있다. 그러므로 인맥을 활용할 때는 매우 신중하고 세심해야만 인맥의 이점을 한껏 누릴 수 있다.

31. 고급 인맥과 하급 인맥을
고루 관리하라

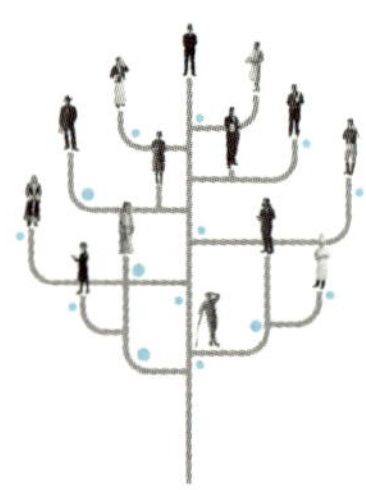

필요한 순간에 적합한 사람에게서 도움을 받는 것은 매우 중요하다. 관건이 되는 순간에 중요한 핵심 인물이 도움을 줄 수 있어야 한다. 그렇지 않으면 제아무리 상대방이 진심으로 당신을 도와주고 싶어도 전혀 도움이 되지 않는다.

예를 들어보자. 기업에서 홍보 관련 업무에 대한 결정권은 사장과 영업부 책임자에게 있다. 그러니 내가 제아무리 총무부 책임자를 찾아가 비위를 맞추고 돈독한 관계를 맺어도 모두 헛수고일 뿐이다. 왜냐하면 상대를 잘못 선택했기 때문이다. 홍보나 마케팅 업무는 총무부 책임자의 직권 범위 밖에 있기 때문이다. 설령 그가 나를 도와주고 싶다 해도 영업부 혹은 사장의 동의를 거쳐야 가능하다. 내가 아무리 노력해도 상대방은 나를 도와줄 수 없으므로 곤혹스러운 나머지 나와 마주치는 것조차 피하게 될 것이다. 따라서 도움을 청할 때는 상대방에게 당신을 도와줄 만한 능력이나 권한이 있는지부터 먼저 정확하게 파악해야 한다.

명함에 상대방의 업무 내용을 자세히 기록하라

명함 기록과 관리가 얼마나 중요한지를 다시 한 번 새겨주는 대목이다. 앞서 말했듯이, 나는 첫 번째 만남에서 상대방의 직책, 업무 내용, 관심 분야를 명확하게 파악하여 기록한다. 그래서 상대방의 도움이 필요할 때는 먼저 내가 정리해뒀던 기록을 살펴본다. 상대방이 나를 도와줄 수 있는지, 그 범위와 능력은 얼마만큼인지를 확인한 뒤 도움을 요청하기 위해서다. 이렇게 하면 훨씬 수월하게 일을 처리할 수 있고, 또 상대방을 곤란에 빠뜨리는 일도 피할 수 있다.

가령, 기자들을 상대할 때는 기자 한 명 한 명의 취재 분야와

명함은 최근에 받은 것만 보관하면 되는 걸까?

당신의 생각 • 상대방이 직장을 바꿀 경우 가장 최근의 명함만 가지고 있으면 된다.

올바른 생각 • 그 사람에 대한 완벽한 정보를 얻기 위해서는 상대방의 바뀐 명함을 모두 보관해야 한다.

성향을 미리 파악한다. 또한 인터넷 검색을 통해 각 기자들이 평소 어떤 기사를 쓰는지 살피고 이를 꼼꼼하게 기록한다. 그런 뒤 홍보 관련 기자회견을 열 때면 기자 회견의 내용과 관련된 분야에서 활동하는 기자에게 도움을 요청한다. 사전에 기자들의 성향을 미리 파악하지 않고 있다가 막상 도움이 필요해졌을 때에야 이 사람 저 사람에게 닥치는 대로 도움을 요청하는 것보다는 훨씬 효율적이다.

나에게 도움을 줄 능력을 갖춘 대상을 정확하게 찾는 것 말고도 한 가지 중요한 점이 있다. 이는 홍보 업계에서 오랫동안 활동하는 비결이기도 하다. 각 회사 혹은 기관과 업무 제휴를 좀 더 수월하게 추진하려면 회사 사장 혹은 담당 부서 책임자라는 단일 창구만 만들어놓고 집중적으로 교류해서는 안 된다는 점이다. 단일 창구만 연결되어 있으면 일을 신속하게 추진하기가 힘들고, 소통 과정에서 문제가 생기기 쉽다. 따라서 각 회사의 사장이나 담당 부서 책임자와 활발하게 교류하되, 실무진들과도 좋은 관계를 유지하는 것이 좋다. 그래야만 업무를 수월하게 처리할 수 있다.

책임자는 결정권을 가진 사람이다. 만일 그의 동의가 없으면 제아무리 좋은 홍보 기획이나 업무 제휴도 진행하기 힘들다. 설령 실무진과 사이가 좋아서 실무진이 상급자에게 당신에 대해 좋은 말을 해주어도 상급자가 동의하지 않으면 아무런 소용이 없다. 이 때문에 먼저 결정권을 가진 책임자와 친분을 쌓는 것이 매우 중요하다.

한편, 상급자가 당신의 기획안에 동의하거나 업무 제휴를 수락하고 홍보 기획을 맡긴다고 해서 모든 일이 당신 마음대로 처리되는 것은 아니다. 대개 업무를 추진할 때 가장 관건이 되는 일은 실무진 혹은 일개 직원에게 달려 있는 경우가 많다. 만일 이들이 당신에게 반감을 갖고 있거나 당신 말을 듣지 않는다면 문제가 생기거나 업무 협력을 거부당할 수도 있다. 심각한 경우, 그들이 상급자에게 당신을 비방하여 그동안 힘들게 일군 친분관계마저 무너뜨릴 수도 있고, 업무 추진에 나쁜 영향을 초래할 수도 있다.

지위 고하를 막론하고 인맥 모두를 균형 있게 관리하라

나도 과거에 그런 경험이 있었다. 언젠가 어느 회사의 마케팅 전략 기획을 떠맡은 적이 있었다. 처음에는 그 회사의 마케팅 부서 책임자와도 친분이 깊고 서로를 신뢰하기 때문에 별다른 문제가 없을 것이라고 안심했다. 그런데 웬걸, 뜻밖에도 실무를 맡은 직원 한 명이 나의 발목을 잡았다. 매사 비협조적인 데다 불평이 많아 내가 좋은 아이디어를 많이 내놓아도 그 사람의 반대로 좀체 일을 계획대로 진행해나갈 수가 없었다. 하지만 어쩌랴! 이미 계약서에 서명까지 마친 상태였기에 일을 그만둘 수도 없었다. 결국 나는 한동안 그 직원과 감정싸움, 두뇌싸움을 하느라 온갖 스트레스를 겪었고, 업무도 간신히 마쳤다.

그 경험을 통해 나는 한 가지 이치를 깨달았다. 업무를 실질적으로 처리하는 실무진과 원만한 관계를 유지하지 못한다면, 회사 책임자나 결정권자와 제아무리 사이가 좋아도 업무에 큰 차질을 빚을 수 있다는 사실 말이다. 그 뒤 고객을 위해 홍보용 방송 프로그램을 기획하게 되었을 때 나는 과거의 경험을 거울 삼아 실수를 저지르지 않으려고 노력했다. 연출자나 제작자 같은 수장급뿐만 아니라 프로그램 제작에 참여하는 모든 스태프에게 선물을 골고루 준비했다.

그 덕분이었을까. 프로그램이 방송될 때까지 모든 일이 순조로웠다. 제작 도중에 제작자가 동의하지 않거나 스태프들이 비협조적으로 나오는 일 없이 모두 진심을 다해 도와주었다.

이처럼 인맥을 활용할 때는 나를 도와줄 능력을 갖춘 사람을 찾는 것이 중요하다. 동시에 결정권을 가진 사람 말고도 그 수하의 실무진과도 원활한 관계를 맺도록 하라. 그래야만 모든 일이 순조롭게 이루어진다.

 거래 회사와 어떻게 친분관계를 맺어야 할까?
당신의 생각 • 나를 상대하는 회사 창구 담당자와 친분을 쌓으면 된다.
올바른 생각 • 고위 간부부터 평직원에 이르기까지 고루 친분관계를 쌓아야 한다.

관건을 쥔 핵심 인물을 찾아내야만 순풍에 돛 단 듯 일을 순조롭게 진행
할 수 있다.

32. 친분에 호소하는 일은
딱 한 번으로 족하다

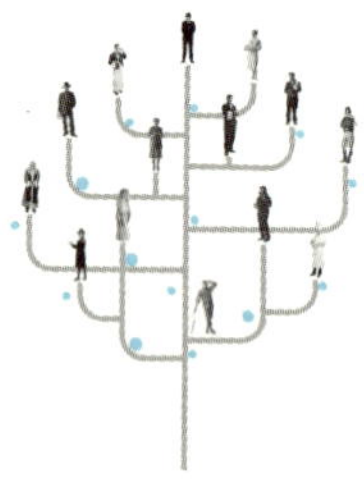

친분에 호소하지 말라는 말에 의아함을 느끼는 사람이 많을 것이다. 인맥을 쌓아서 필요할 때 든든한 배경으로 삼거나 도움이 필요할 때 적절하게 활용하는 방법을 실컷 설명해놓고는 이제 와서 인맥의 도움은 딱 한 번으로 그치라니 말이다. 게다가 단 한 번만 도움을 요청할 거면 그토록 애써 인맥을 쌓아올릴 필요가 있을까 하는 회의감마저 들 것이다.

인맥을 쌓는 데는 많은 시간과 노력이 필요하다. 상대방이 당신의 일을 자신의 일처럼 여기며 도와주도록 만들려면 오랜 시간 친분을 쌓고 신뢰를 얻어야 한다. 하지만 바꿔 생각해보자. 이처럼 오랜 기간 힘들게 쌓아올린 인맥을 당신은 실컷 이용하고 나서 그대로 버릴 작정인가?

사람과 사람 사이의 우정이나 친분은 값을 따질 수 없을 만큼 소중한 자산이지만, 동시에 매우 약해서 깨지기 쉬운 유리와도 같다. 단 한 차례의 공격에도 와르르 무너질 수 있다. 따라서 친분에 호소하는 일은 딱 한 번으로 그쳐야 한다. 친분 운운하며 걸핏하면 상대방에게 도움을 요청한다면 어느 순간 두 사람 사이의 신뢰감은 사라지고 친구조차 될 수 없게 된다. 인생에서 가장 소중한 자산을 잃고 마는 것이다.

그러므로 친분에 의지하는 것은 가장 긴급한 순간, 최후의 순간에 하라. 친분을 앞세워 수시로 도움을 요청해서는 절대 안 된다.

인맥의 50퍼센트 혹은 30퍼센트만 활용하라

인맥을 활용할 때, 상대방과의 친분 50퍼센트 혹은 30퍼센트만 활용한다는 원칙을 고수하면 오랫동안 인맥을 유지할 수 있다.

직장인은 누구나 자신의 직책에 따른 책임이 있다. 만일 사장이나 상급자가 당신에게 편의를 제공한다면 당신이 '편의를 누린 만큼' 사장이나 상급자가 짊어져야 할 위험부담이 늘어났음을 생각해야 한다. 만일 친분만을 내세우며 계속해서 편의를 누린다면 나중에는 상대방이 당신의 전화조차 받지 않는 상황을 초래할 것이다.

나는 그런 비슷한 경우를 본 적이 있다. 예전에 친구와 같은 홍보 회사에 다닌 적이 있었다. 그때 우리는 사진작가를 알게 되었는데, 나보다는 내 친구가 그 사람과 훨씬 친한 편이었다. 친구는 사진작가가 급한 일이 생기거나 혹은 돈이 부족할 때면 흔쾌히 나서서 도와주곤 했다.

그러나 한 번, 두 번 점점 횟수가 늘어나면서 사진작가는 내 친구에게 과도한 부탁을 하기 시작했다. 그렇잖아도 업무가 산적하여 야근을 밥 먹듯 하던 친구는 급기야 나에게 원망을 늘어놓았다.

"이젠 그 사람 전화 받는 것도 겁나. 만날 전화로 죽는소리나 하면서 도와달라고 한다니까."

처음 서로 친분을 쌓을 때만 해도 사진작가는 아주 예의바르고 좋은 사람이라는 인상을 주었다. 하지만 시간이 지나면서 그는 귀찮고 힘든 일을 툭하면 주변 사람들에게 떠맡기는 민폐 덩어리가 되었다. 내 친구는 그의 요구를 번번이 들어주자니 자신의 업무조차 제대로 처리하기 힘들 만큼 벅차했고, 또 모른 체하자니 친분이 두터운 사이라 난감해했다. 결국 내 친구는 무조건 피하는 것이 상책이라는 생각에 사진작가의 전화를 받지 않게 되었다.

나는 이 두 사람을 지켜보며 친분관계를 함부로 남용해서는 안 된다는 것을 깨달았다. 한 번, 두 번 도움을 요청하는 것은 괜찮다. 하지만 매번 친분을 내세워 도움을 요청한다면 상대방은 분명 곤란에 빠질 것이다. 심지어 '정작 자신은 남을 도와주지도 않으면서 남에게 도움받을 궁리만 한다'는 반감을 불러일으킨다. 이러한 반감이 생기면 서로의 감정에 금이 가게 마련이다. 이처럼 사람과 사람 사이의 감정은 매우 약해서 일단 금이 가기 시작하면 돌이킬 수 없다.

따라서 친분에 호소하는 것은 가장 절박한 순간이 아닌 이상 절대로 삼가야 한다. 이는 상대방과의 친분을 지키는 방법이자 자신의 인맥을 오래도록 관리할 수 있는 비결이다. 하지만 그보다 더 중요한 것은, 평소 인맥이라는 중요한 자산을 아끼고 소중히 여겨야만 당신이 정말로 상대방의 도움이 필요할 때 큰 협조를 얻어낼 수 있다는 점이다.

인맥에 대한
반성 20 **인맥을 이용하는 원칙은?**

당신의 생각 • 친분을 쌓은 만큼 인맥을 활용해야 한다. 그렇지 않으면 나만 손해다.

올바른 생각 • 친분을 오랫동안 유지하기 위해서는 상대와의 친분 50퍼센트 혹은 30퍼센트만 활용해야 한다.

인맥은 수시로 관심을 갖고 관리해야 한다. 그러나 함부로 남발해서는 안 된다.

인맥이 싹을 틔우고 강한 나무로 자라나야 훗날 좋은 인연의 과실을 얻을 수 있다.

33. 자신만의 브랜드를 구축하라

어쩌면 당신은 이런 생각을 할지도 모른다.

'인맥을 쌓는 데도 자신만의 브랜드가 필요하다고? 취업을 하는 것도 아니고 창업을 하는 것도 아닌데 무슨 필요가 있다는 말이지?'

이는 매우 잘못된 생각이다. 인간관계에서도 당연히 자신만의 독창적인 브랜드가 필요하다. 간단히 말하면, 이른바 명성이나 입소문이다. 당신에 대해 잘 모를 때 혹은 이제 막 친분을 쌓기 시작했을 때, 대부분은 주변 사람들에게 당신에 대해 물어본다. 당신에게 어떠한 일을 맡기려고 할 때나 당신을 도와주고 싶을 때도 마찬가지다. 그래서 평소 당신의 인품에 대한 명성이 매우 중요하다.

만일 당신이 게으르고 손버릇이 나쁘다거나 혹은 업무 태도
가 좋지 않다는 부정적인 소문이 돈다고 가정해보자. 상대방이
당신과 제아무리 친분이 돈독할지라도, 당신의 업무 처리에 대
한 평가가 좋지 않다는 것을 알게 되었을 경우에도 사적인 정
을 내세워 당신에게 일을 맡길까?

앞서 언급했듯이 사람은 누구나 자신의 직책에 대한 책임이
있다. 만일 상대방이 당신에게 일을 맡겼다가 자신의 업무에
부정적인 영향을 미친다면 그는 과연 어떻게 할까? 계속해서
당신을 믿고 일을 맡길까?

인맥을 쌓았다면 능력과 명성이 필요하다

아마 대다수 사람은 그다지 친분이 없더라도 업무 평가가 좋
은 사람에게 일을 맡길 것이다. 그러므로 인맥이면 만사 오케
이라는 생각을 버려야 한다. 어떤 사람은 인맥이 생기면 무엇
이든 자기 마음대로 할 수 있다고 착각한다. 가령, 어느 회사
회장과 친분이 생기면 취직 자리는 걱정하지 않아도 된다는 식
이다. 또한 회사의 고위직 간부와 친해지면 승진에 문제가 없
을 것이라고 여긴다.

앞서 말했지만, 친분을 내세워 도움을 요청하면 아마 상대방
은 당신의 체면을 생각해 한두 번은 일이나 업무를 당신에게
맡길 것이다. 하지만 그다음에는? 아마 훨씬 능력 있는 사람에

게 일을 맡길 것이다.

홍보 일을 하면서 얻은 경험에 비춰보면, 제아무리 친분이 있어도 상대방은 사적인 감정에 의지하여 일을 맡기지는 않는다. 대부분은 일을 맡길 때 상대방이 순조롭게 잘 처리할 능력이 있는지를 객관적으로 판단한 뒤 실행한다. 경쟁자들이 모두 비슷한 능력을 갖추고 있다면 그때는 친분이 다른 경쟁자에 비해 훨씬 유리하게 작용할 것이다. 인맥의 장점은 바로 이럴 때 누릴 수 있는 것이다.

무슨 일이든 친분관계에 의지해서 처리하려 한다면 좋은 인맥을 오랫동안 유지하기란 어렵다. 오히려 좋은 관계였던 것도 금세 금이 가버려 일회성 도움을 받는 것으로 끝날 수도 있다.

좋은 명성이든 나쁜 명성이든 인맥을 따라 퍼진다

평소 좋은 이미지를 쌓는 것은 매우 중요하다. 자신의 대외 이미지, 업무 처리 능력에 대한 평가, 처세에 관련한 태도 등을 일종의 브랜드로 여기고 관리해야 한다. 그래서 전문적이고, 성실하고, 침착하며, 신뢰할 수 있는 이미지를 만들어야 한다. 이는 인맥을 활용하는 기본이자 첫 단계이다. 이러한 기본을 갖춰야 좋은 인맥을 쌓아갈 수 있다. 신뢰받을 만한 이미지를 만들지 못했을 경우, 사람을 많이 알면 알수록 당신의 나쁜 명성이 소문을 타고 퍼져나가 열심히 인맥을 쌓더라도 제대로 활용할 수 없게 된다.

이런 경험을 한 적이 있다. 언젠가 어느 회사의 제품 홍보 기획을 맡았을 때다. 나는 제품 광고를 위해 어느 연예인과 계약을 했다가 뜻밖의 난관에 부딪혔다. 사실, 연예인 자체는 매우 좋았지만 매니저가 문제였다. 매니저는 우리가 세운 홍보 계획에 무척 비협조적이었고, 심지어 우리 회사의 사장에게 서슴지 않고 나를 비방했다.

나중에야 나는 그 매니저가 연예계에서 소문난 진상이라는 사실을 알았다. 그 뒤 나는 다시는 그 연예인과 일하지 않게 되었다. 홍보 업계에도 그 연예인은 건드리지 않는 것이 상책이라는 소문까지 돌게 되었다. 이처럼 이미지가 망가지기 시작하면 제아무리 좋은 관계라도 더 이상 지속되거나 발전하기 어렵다.

업무 혹은 인간관계에서 주의해야 할 점은?

당신의 생각 • 여차하면 환경을 바꾸어 예전의 나를 모르는 사람들과 인맥을 쌓으면 된다.

올바른 생각 • 세상은 좁다. 발 없는 말이 천리를 가는 것처럼 소문은 금세 퍼지게 마련이다. 평소에 좋은 이미지와 명성을 쌓아야 한다.

34. 도움을 요청할 때는 상대방과 이득을 공유하라

친분을 남용해서는 안 된다면, 그럼 도대체 언제 인맥을 활용해야 할까? 매우 간단하다. 상대방에게 도움을 요청할 때는 당신과의 친분 때문이 아니라 그가 도움을 베풂으로써 자신에게도 이익이 생길 것임을 느끼게 만들어야 한다. 양자 모두에게 이익이 되는 일이라면 상대방은 흔쾌히 당신을 도와줄 것이다.

상대방의 입장에서 윈윈전략을 강구하라

내 주변에 이런 일이 있었다. 언론사를 그만두고 일반 회사로 이직하고 싶어 하는 기자가 있었다. 그는 우연히 어느 회사를 탐방 취재하는 과정에서 그 회사가 기업 확장을 준비하느라 인원 확충이 필요하다는 사실을 발견했다. 기자는 단도직입적으로 사장에게 물었다.

"저는 지금 이직을 준비하고 있습니다. 마침 이곳 회사에서 영업 확장 때문에 직원들이 필요한 것 같은데, 제가 이곳으로 출근해도 되겠습니까?"

이렇듯 단도직입적으로 도움을 요청하면 결과는 십중팔구 거절당하거나 확답을 얻지 못한 채 흐지부지 끝나게 마련이다. 만일 방법을 달리했다면 어쩌면 정반대의 결과를 얻을 수 있었을 텐데 말이다.

똑같은 상황에 처했다면, 나는 이렇게 했을 것이다.

마침 이직을 고민하고 있던 중에 탐방 취재한 회사가 영업 확장으로 직원이 필요하다는 사실을 알았다고 하자. 그럼 나는 이 회사의 직원 중에 친분이 있는 사람에게 먼저 물어볼 것이다. 이 회사가 현재 어떤 경영전략을 세우고 있는지, 어떤 인재를 필요로 하는지 등을 알아보는 것이다. 더 나아가 사장이 무엇을 선호하는지, 즉 사장이 돈을 추구하는지, 명성을 추구하는지, 자신만의 독보적인 브랜드 상품을 만들려고 하는지도 알아볼 것이다. 이러한 정보를 철저히 파악한 뒤 상대방의 수요에 맞춰 내가 제공할 수 있는 것을 찾아볼 것이다.

가령, 회사에서 영업 확충을 준비하고 있다면, 나는 사장에게 이렇게 말할 것이다.

"영업을 잘하려면 언론 매체의 도움이 절대적으로 필요합니

다. 나는 언론 매체에 대해 잘 알고 있고, 또 어떻게 상대해야
할지도 아니까 제가 조언 좀 드려도 될까요?”

먼저 상대방에게 건의를 한 뒤, 그가 필요로 하는 것을 제공
해주고, 함께 업무 제휴를 해도 좋겠다는 말을 한다. 즉, 내가
이직을 하고 싶어서 도와주는 것이 아니라 나를 채용하면 회사
에 이익이 된다는 느낌을 주는 것이다. 이렇게 하여 양쪽 모두
에게 이익이 되는 결과를 만들어낼 수 있다. 상대방은 나의 협
력에 매우 흡족해할 것이며, 설사 직원 충원 계획이 없었어도
특별 채용을 할 가능성이 높다.

친분이 두텁다고
상대방이 무조건 도와줄 것이라는 기대는 하지 말라

나의 경우 다른 사람의 도움이 가장 절실할 때는 바로 내가
맡은 홍보 제품이 언론에 주목을 받을 수 있게 홍보 관련 원고
를 작성해서 신문에 싣도록 부탁할 일이 생길 때다. 그런데 매
번 홍보 기사를 실어달라고 기자들에게 도움을 요청한다면 어
떻게 될까? 아마 한두 번은 친분 때문에라도 흔쾌히 도와줄 것
이다. 그러나 부탁이 거듭되면 점차 어려워질 것이 분명하다.
상급자에게 보고도 해야 할 텐데, 상급자로서는 전혀 뉴스 가
치가 없는 제품 홍보 기사를 계속해서 실어주고 싶겠는가!

그래서 매번 홍보 관련 원고를 언론사에 보낼 때면 먼저 명

함 노트를 꺼내 기자들의 성향에 대한 기록을 훑어본다. 이번 주제의 원고에 관심을 가질 기자가 누구인지를 파악한 뒤 그에게 도움을 요청한다. 그러면 일단 그는 첫째로는 나를 도와줄 수 있어서 체면이 서고, 둘째로는 마침 관심을 가지던 분야의 기삿거리라서 자신에게도 이익이 된다. 흔쾌히 기사를 실어주는 것은 두말할 나위도 없다.

그러므로 친분이 두텁다고 해서 상대방이 반드시 도와줄 것이라는 기대는 하지 말라. 도움을 부탁하기 전에 당신의 요청이 상대방에게 어떤 이득을 줄 수 있는지를 먼저 생각하라. 그런 식으로 도움을 요청하면 상대방 역시 체면이나 친분 때문에 마지못해 도와주는 것이 아니라 기분 좋은 마음으로 도와줄 수 있다. 물론 서로의 우정에 금이 갈 염려도 없다.

무조건 상대방을 이용하려고만 하면 인맥은 오래가지 못한다. 양쪽이
이득을 얻는 윈윈전략이야말로 최고의 전략이다.

35. 당신의 목적을
드러내지 말라

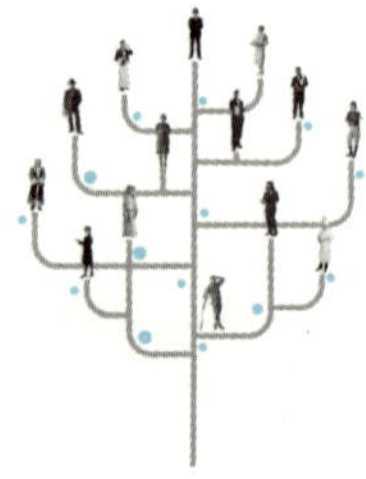

사실, 사람들과 교류할 때 특별한 목적을 염두에 두기도 한다. '이 사람과 친구가 되면 이러이러한 이득을 얻을 수 있다……'는 생각을 품는 것이다. 가령, 마음에 쏙 드는 이성을 만났다면 연인이 되고 싶은 욕구가 생기고, 권력 있는 사람과 교류한다면 상대방이 도움을 줄 것을 기대하게 된다. 혹은 저 사람과 사귀면 많은 것을 배울 수 있겠다는 생각에 의도적으로 접근하기도 한다. 이것들 모두 목적을 갖고 교류하는 것이다.

이렇게 목적을 갖고 사람을 사귀는 것은 지극히 정상적인 행위로, 무조건 나쁘다고 말할 수는 없다. 인맥관리에서는 때로 이러한 목적성이 필수적일 때가 있다. 아무런 목적이나 목표 없이 닥치는 대로 사람들과 교류한다면, 기껏해야 술친구밖에는 사귈 수 없다. 그러한 인맥은 인생에도 전혀 도움이 되지 않는다.

인맥 교류에 욕심을 부리지 말라

인간관계에서 지나치게 목적을 앞세우면 상대방에게 경계심을 불러일으키게 된다.

'아, 보험 가입하라고 이렇게 나에게 잘해주는구나!'

'나랑 사업을 하고 싶어 이러는구나!'

이러한 생각이 들면 상대방은 당신을 경계하게 된다. 일단 경계심이 생기면 당신에 대해 선입견을 갖는다. 즉, 당신을 뭔가 목적이 있어 친밀하게 구는 사람으로 여기게 되는 것이다. 일단 경계심과 선입견이 생기고 나면, 그것을 풀고 신뢰를 얻기 위해서는 수십 배, 수백 배의 시간과 노력을 들여야 한다.

그러므로 인맥을 이용할 때는 절대로 서두르거나 욕심을 부려서는 안 된다. 한꺼번에 목표를 달성하거나 혹은 상응하는 대가를 얻으려고 하면 자신의 목적을 쉽사리 노출시켜 오히려 상대방의 반감이나 경계심을 불러일으킨다. '목적성'을 없애는 것은 매우 중요하지만 그렇다고 완전히 목표가 없어서는 안 된다. 최종적인 목적은 가슴 깊이 숨겨두고 먼저 상대방에게 신뢰를 얻은 뒤에 당신이 필요로 하는 도움을 요청하면 된다.

이런 경험이 있다.

아동지능 계발과 아동심리를 전문적으로 연구하는 아동심리 전문가를 우연히 알게 되었다. 그는 특히 ADHD 증후군과 아스퍼거 증후군을 앓는 어린이를 효과적으로 치료하는 데 일가견이 있었다. 홍보 업계 종사자로서 이처럼 훌륭한 전문가를 홍보하지 않는다는 것은 너무 애석하다는 생각이 들었다. 그래서 순수한 의도로 그를 홍보해주고 싶은 나의 생각을 전했다.

나는 아동심리에 관한 저서 출간 및 심리 치료 과정을 담은 DVD 제작 등의 기획을 건의하고, 이를 판매하려면 어떻게 해야 하고, 또 언론 매체를 통한 광고를 어떻게 해야 하는지 등을 자세히 설명해주었다.

우리 두 사람은 아주 기분 좋게 대화를 이어나갔다. 그런데 마지막에 내가 한 가지 실수를 하면서 좋은 분위기에서 이루어지던 대화가 물거품이 되고 말았다. 이야기를 끝내자마자 내가 명함을 건넸는데, 내 명함에 적힌 '홍보 대행 전문'이라는 글자가 문제가 되었다. 상대방은 내 명함에 적힌 회사명을 보자마자 방금 전까지 내가 건의했던 기획들이 모두 나의 장삿속에서 비롯된 것이라는 생각이 들었나 보다. 호의에서 건의를 한 것이 아니라 고객을 유치하려는 계획 아래 의도적으로 접근했다고 판단한 것이다. 그는 내 명함을 받아들고는 이렇게 말했다.

"감사합니다, 잘 알았습니다!"

그러고는 명함을 집어넣었다. 우리 두 사람의 대화도 그것으로 끝이 나고 말았다.

그렇게 그 사람과의 인맥은 끊기고 말았다. 상대방에게 나는 장사꾼으로 각인되었기 때문에 그 어떤 말이나 노력으로도 돌이킬 수 없게 된 것이다.

친구를 사귄다는 마인드로 대해야
오랫동안 인맥을 유지할 수 있다

인맥을 이용할 때는 절대로 서두르거나 자신의 목적을 드러내서는 안 된다. 인맥의 도움을 받으려는 최종 목적일랑 마음속 깊은 곳에 숨겨두고 친구를 사귄다는 마인드로 상대방과 교류해야 한다. 설령 상대방이 당신이 원하는 도움을 주지 못한다고 해도 절대로 실망하거나 소원하게 지내서는 안 된다.

인맥은 오랫동안 유지하며 관리해야 한다. 상대방이 지금은 별 볼 일 없지만 앞으로 크게 성공할지, 당신에게 도움을 줄지 여부는 누구도 알 수 없다. 때문에 일시적으로 도움을 받지 못한다고 인맥을 방치해서는 절대 안 된다.

홍보 업계 종사자 중에는 대개 메이저급 언론사 기자들은 하늘처럼 떠받들면서 마이너급 언론사 기자들은 찬밥 취급하는 이들이 많다. 하지만 기자들도 이직이 잦다. 지금 지방 언론사에서 근무하는 기자가 몇 개월 후 대형 언론사로 옮겨가는 경우도 많다. 평소 보잘것없는 작은 언론사 기자라고 홀대하면 좋은 인맥을 쌓을 수 없다.

이 때문에 인맥을 쌓고 이용하는 데 눈앞의 이익에만 급급하며 서둘러서는 절대로 안 된다. 설령 인맥을 통해 이득을 얻고자 하는 목표가 있더라도 그것은 잠시 접어두라. 먼 앞날을 내다보며 장기적으로 인맥을 쌓고 신뢰를 얻어야 한다. 그러면 나중에는 갑절의 보답을 얻을 수 있을 것이다.

인맥으로 향하는 길에서 조급하게 서두르면
모든 것이 수포로 돌아가기 쉽다.
한 걸음 한 걸음 조심스럽게 내디뎌야 한다.

36. 상대방을 난처하게 만드는 요구는 하지 말라

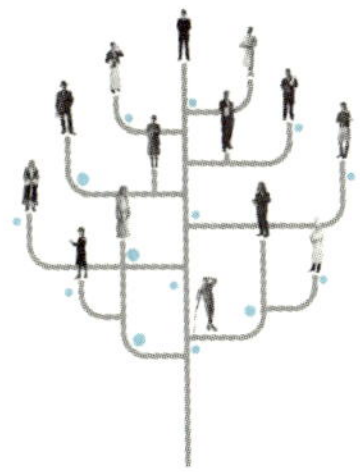

인맥을 활용할 때 주의할 점이 있다. 상대방을 난처하게 만드는 요구를 해서는 안 된다는 것이다. 이는 인맥을 단시간에 무너뜨리는 지름길이니 각별히 주의해야 한다.

사람들은 대개 도움 요청을 받으면 체면이나 인정에 이끌려 쉽사리 거절하지 못한다. 설사 당신의 요구에 난처하더라도 속으로 참을 뿐 겉으로 드러내지는 않는다. 하지만 이것이 몇 번 반복되면 점차 그에게는 당신을 귀찮아하는 마음이 커지게 된다. 자연스레 당신을 피하게 되고 결국 사이가 멀어지는 결과가 초래된다.

상대방을 난처하게 하지 않는 가장 좋은 방법은 상대방이 쉽게 처리해줄 만한 도움을 요청하는 것이다. 상대방이 수월하게 도움을 줄 만한 일이라면 그도 당신을 도운 일에 뿌듯함을 느끼며 귀찮아하지 않는다.

예전에 언론사에 근무하는 사진기자 친구가 있었다. 지금은 방송국으로 이직하여 촬영팀장으로 근무하고 있다. 그래서인지 업계에서 그와 친하게 지내던 사람 중에는 방송국 촬영팀장의 백그라운드를 이용해 편의를 얻으려는 이들이 많다. 예를 들면 방송국의 고가의 촬영 장비를 몰래 빌리는 일이다. 사실, 이러한 부탁은 어떻게 생각하느냐에 따라 어려운 부탁이 될 수도, 간단한 부탁이 될 수도 있다.

장비를 빌려 쓰려는 사람의 입장에서는 이렇게 생각한다.

'촬영팀장 자신이 관리하는 장비를 잠깐 빌려주는 거니까 무슨 문제가 있겠어? 잠깐 편의만 봐주면 되는 문제인데 말이야.'

하지만 정작 촬영팀장의 입장은 난처하기 그지없다.

'이건 회사 비품인데 내가 사적으로 사용하다 만일 들통 나면 어떡하지? 게다가 고액의 장비를 빌려 가서 고장이라도 내면 내가 어떻게 책임을 지냔 말이야?'

그래서 매번 친구들이 전화를 걸어와 장비를 빌려달라고 할 때마다 촬영팀장은 고민에 빠졌다. 친한 친구의 부탁인데 거절할 수도 없고, 그렇다고 장비를 빌려주자니 자칫 난감한 상황에 빠질 수도 있어 걱정이 이만저만 아니었다. 결국 그는 '회피'의 해결책을 사용할 수밖에 없었다. 친구들의 부탁 전화는 무조건 피하고 만남도 꺼리다 보니 나중에는 그들과의 사이가 소원해지고 말았다.

상대방을 난처하게 만드는 일이라면 아예 입을 열지 말라. 스스로 방법을 찾아라!

도움을 요청할 때는 먼저 상대방을 난처하게 만드는 요구가 아닌지 살펴야 한다. 당신의 부탁이 상대방을 난처하게 만들거나 조금이라도 불편하게 만든다면 아예 처음부터 입을 열지 말라. 상대방을 힘들게 만든다는 걸 알면서도 도움을 요청하면 서로의 우정에 금이 가고 애써 쌓아올린 인맥을 갉아먹는 결과를 초래할 뿐이다.

예를 들어보자. 한번은 업무상의 필요로 어느 방송국 유명 앵커의 휴대전화 번호가 필요했다. 당시 나는 그 방송국에 친분 있는 기자들이 많았다. 마음만 먹으면 전화 한 통화로도 그 앵커의 휴대전화 번호를 얻어낼 수 있었다. 하지만 그 앵커는 사생활 노출을 극히 꺼려하는 편이었기에 나중에 자신의 휴대전화 번호를 어떻게 알았는지 듣고 나면 좋은 얼굴로 대할 리 만무했다. 그런 상황이니, 방송국의 기자 친구에게 앵커의 전화번호를 얻어달라고 하면 그것이야말로 상대방을 난처하게 만드는 일 아니겠는가? 비록 전화번호를 알아내는 것은 사소한 일에 불과하지만 기자 친구의 입장에서는 앵커에게 미움을 살 수도 있는 큰 문제였다.

　나의 부탁이 기자 친구를 곤란하게 만들 것이라는 사실을 잘 알기에 나는 다른 방법을 강구했다. 비록 길을 돌아서 가는 것이었지만, 방송국 외부 사람들 가운데 앵커의 전화번호를 얻어낼 수 있는 사람을 찾아 도움을 요청한 것이다. 그렇게 방송국 친구를 곤란에 빠뜨려 서로의 우정에 금이 가는 일을 사전에 막을 수 있었다. 물론 우리의 관계도 더욱 공고해졌다.

37. 상대방이
자발적으로 도움을 주도록 만들어라

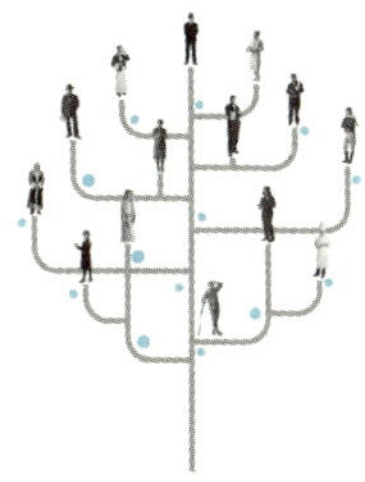

앞의 기나긴 설명에 여전히 의구심이 드는 사람도 많을 것이다. 필요할 때마다 마음 놓고 부탁도 못할 거면 오랜 시간 힘들여 인맥을 쌓을 필요가 뭐냐고 묻는 이도 있을 것이다.

인맥을 쌓으면 당연히 활용해야 하는 게 맞다. 사람은 누구나 특정한 목적을 갖고 타인에게 다가가 친분을 쌓는다. 그 목적이 감정적인 것일 수도 있고, 업무상 혹은 금전적 필요에 의한 것일 수도 있다. 그런데 상대방과의 친분이나 우정에 금이 갈까 눈치를 보느라 아무런 부탁도 하지 못한다면 그런 인맥은 무용지물인 걸까?

물론 아니다. 인맥을 이용해서는 안 된다는 말이 아니라 적절하게 활용해야 한다는 뜻이다. 그리고 무엇보다 중요한 것은, 인맥을 요령껏 활용할 줄 알아야 한다는 점이다.

인맥을 이용할 때 최고의 요령은 바로 상대방이 자발적으로 나서서 협조하게 만드는 것이다. 당신이 먼저 도움을 요청할 필요도 없이 상대방이 스스로 나서서 도와줄 일이 없냐고 묻게 만드는 것이다. 이렇게 하면, 우선 상대방 스스로 자신의 능력 범위 안에서 협조를 제공해주므로 당신이 상대방을 난처하게 만드는 일은 발생할 염려가 없다. 둘째로는 상대방이 스스로 원하는 일인 만큼 진심을 다해 큰 도움을 주게 된다.

이러한 요령을 터득하려면, 먼저 앞서 설명했던 것처럼 차근차근 상대방과 친분을 쌓으면서 서로 신뢰하는 관계를 만들어야 한다. 그래야만 상대방이 스스로 "내가 도와줄 일이 없냐"고 묻는 관계로까지 발전한다. 이러한 관계는 하루아침에 만들어지는 것이 아니다. 오랜 시간 인맥을 쌓고 관리해야 하는 이유가 바로 이것이다.

그렇다면 상대방이 자발적으로 도와주도록 만드는 구체적인 요령은 무엇인가? 이는 친분관계에 따라 그 방법이 각각 달라지겠지만 다음 네 가지 원칙은 변하지 않는다.

① 상대방에게 절대로 당신의 목적을 드러내지 말라.
② 인내심을 갖고 오랫동안 교류하라.
③ 상대방이 필요로 하는 것을 먼저 제공하며 도와주라.
④ 자신이 필요로 하는 것을 자연스레 표현하라.

적절하고 융통성 있게 윈윈전략을 사용하라

여기서 나의 경험을 잠깐 소개해볼까 한다. 나의 중점적인 업무 가운데 하나는 고객사 혹은 고객의 제품이 언론의 주목을 받도록 하는 것이다. 고객이 대담성 프로그램에 출연할 만큼 능력이 있다고 판단되면 고객을 언론 매체에 노출시킨다. TV나 라디오에 출연하면 고객이나 그의 회사는 엄청난 광고 효과를 거둘 수 있다.

그래서 나는 한동안 대담성 프로그램 제작자와 인맥을 쌓는 데 심혈을 기울였다. 이들과 친분을 쌓는 진짜 목적은 우선 나의 고객들이 언론 매체에 출연하도록 만들기 위한 것이었다. 하지만 나는 먼저 진심으로 다가가 친구가 되기 위해 노력했다. 그렇지 않고 순전히 의도적으로 접근한다면 상대방은 나의 목적을 쉽게 눈치챌뿐더러 오히려 역효과만 생길 것이기 때문이다.

언젠가 업무 때문에 어느 제작자를 만나게 되었다. 나는 그녀의 인터넷 메신저 주소를 얻었지만 곧장 친구 신청을 하지는 않았다. 그렇게 하면 지나치게 적극적으로 다가가는 나에게 상대방이 경계심을 갖기 쉬울 것이었다. 나는 일부러 일주일이 지난 뒤에야 메신저 친구 신청을 했고 우리는 자연스레 대화를 나누기 시작했다. 물론 연락을 하기 전에 그녀가 그동안 제작에 참여했던 프로그램 명단을 뽑아서 어떤 종류의 프로그램을 만드는지, 주로 어떤 분야에 관심이 많은지 등의 정보를 수집했다.

덕분에 공통의 화제로 화기애애한 대화를 나눌 수 있었다. 이야기를 이끌어가면서 나는 먼저 이렇게 제안했다.

'프로그램을 참 잘 만드셨던데, 이러이러한 주제에도 관심이 있나요? 그런 주제로 프로그램을 만들어도 좋을 것 같은데요.'

상대방은 금세 흥미를 느끼며 말했다.

'아, 듣고 보니 그것도 괜찮네요. 그런데 그런 주제에 맞는 게스트를 찾을 수 있을지 모르겠군요.'

나는 이때다 싶어 물었다.

'게스트는 주로 어떤 분을 섭외하나요? 외모를 중시하나요?'

'그렇죠. 잘생긴 사람이 좋죠. 또 말솜씨도 좋아야 하고요!'

'제가 아는 사람 중 이 분야에 해박한 지식을 갖고 있는 분이 있어요. 물론 잘생긴 분이고요. 필요하면 소개해드릴까요?'

그녀의 대답은 나의 예상대로였다.

'어머나, 잘됐네요. 그럼 저 대신 그분께 출연이 가능한지 좀 물어봐줘요!'

내가 애써 청탁하지 않아도 상대방이 자발적으로 내 목표를 달성시켜준 셈이다. 물론 이런 방법에도 주의할 점이 있다. 즉, 먼저 상대방이 필요로 하는 서비스를 제공하여 그 사람에게 이익을 안겨야 한다. 그래야 상대방이 이익을 얻기 위해 자발적으로 당신의 제안에 응할 것이다. 이는 친분 때문에 자신을 희생하거나 혹은 곤란한 상황에 빠지는 일을 피할 수 있고, 부탁을 하는 사람이나 들어주는 사람 모두 즐거워지는 원원전략이다.

즐겁고 자연스럽게 어울려야만 두 사람 모두 마음을 터놓고 이야기를 나눌 수 있다.

다른 사람을 도와주는 과정에서 당신의 목적을 실현하라

상대방이 나의 도움을 필요로 하지 않을 때는 어떻게 해야 하냐고 묻는 이도 있을 것이다. 대답은 간단하다. 그 사람이 당신의 도움을 필요하도록 만들면 된다. 사람은 누구나 관심을 갖거나 소유하고 싶은 것이 있게 마련이다. 예컨대 사랑, 돈, 명성, 권력 등등이다. 먼저 상대방을 관찰하고 그 사람에 관한 정보를 기록하여 인맥 이력표를 만들어라. 그다음에는 그 사람이 추구하고 원하는 것들이 무엇인지를 연구하라. 그 사람이 필요로 하는 것 중에 당신이 수요를 충족시켜줄 수 있는 것이 분명히 있다. 상대방은 자신이 필요한 것을 당신이 충족시켜줄 수 있다는 사실을 알게 되면 굳이 당신이 청탁을 하지 않아도 자발적으로 당신을 찾을 것이다.

나도 그러한 방법으로 고객과의 계약에 성공한 적이 있다. 당시 그 고객은 교회 지인의 친구였다. 그래서 처음에는 비즈니스를 염두에 두고 친분을 쌓지 않았다. 그저 만나면 서로의 일에 대해 잡담을 나누는 정도였다. 만나는 횟수가 잦아지면서 나는 그녀가 현재 운영하고 있는 빵집을 확장할 계획을 세우고 있다는 사실을 알게 되었다. 현재 빵집 두 군데를 운영하고 있던 그녀는 대여섯 군데로 지점을 늘리고 싶어 했다. 그녀에게는 빵집 홍보가 절실히 필요한 때였다.

그래서 내가 물었다.

"전에 언론 매체에 광고를 낸 적은 있어요?"

"그야 많았죠. 셀 수 없이 많았어요."

대개 홍보대행 회사는 이런 대답을 들을 경우 더 이상 개입할 여지가 없다고 판단하여 포기하게 마련이다. 하지만 나는 이미 그녀의 빵집에 관한 정보를 미리 조사했기에 무엇이 문제인지를 파악하고 있었다. 대부분 빵집 광고는 제빵사의 경력이나 빵집의 대표적 상품을 중점적으로 홍보하는데, 정작 빵집의 이름은 소홀히 하는 경향이 있다. 그래서 빵집의 이름을 기억하는 소비자들은 그리 많지 않다. 나는 그 점을 콕 짚어내 이렇게 권유했다.

"제빵사의 명성이나 한두 개 주력 상품에만 의지해서는 빵집을 널리 알릴 수 없어요. 차라리 당신 빵집의 이름을 하나의 브랜드로 만들어 적극적으로 홍보하세요."

나의 충고를 진지하게 생각하던 그녀는 과연 며칠 후에 나를 찾아왔다. 자신의 빵집 홍보를 맡아달라고 부탁하려고 말이다. 이처럼 나는 그 어떤 비즈니스 활동도 없이 새로운 고객을 확

인맥에 대한

반성 23 **상대방과 어떻게 거래를 성사시켜야 할까?**

당신의 생각 • 적절한 때를 택해서 상대방에게 단도직입적으로 용건을 말한다. 첫 번째 만남 뒤에는 어떻게든 내가 의도하는 목적을 달성해야 한다.

올바른 생각 • 서두르지 말고 순차적으로 친분을 쌓은 뒤에 목적을 밝혀야 한다. 처음부터 의도적으로 접근했다는 느낌을 줘서는 안 된다.

보하는 데 성공했다. 그저 상대방의 정보를 충분히 파악한 뒤 상대방이 미처 깨닫지 못했던 부분에 대한 홍보의 필요성을 일깨워줬을 뿐이다. 또한 나는 좋은 아이디어를 알려주고 나서 곧장 비즈니스로 연계하거나 혹은 그에 상응하는 대가를 원하지도 않았다. 결국 상대방이 나의 숨은 목적을 알아차리지 못한 채 자발적으로 나에게 홍보대행을 의뢰하도록 만든 것이다.

올바른 방법을 사용해야
인맥을 쌓을 수 있다.

여섯 번째 노트 정리와 복습

❖ 일반 평직원이라고 우습게 봐서는 안 된다. 고위 간부이든 일반 평사원이든 고루 친분을 쌓아야만 업무가 순조롭게 진행된다.

❖ 인맥이 생겼다고 함부로 남용해서는 안 된다. 상대방과 쌓은 인맥의 50퍼센트 혹은 30퍼센트만 활용하라. 또한 상대방을 난처하게 만드는 부탁은 하지 말라. 가장 좋은 방법은 상대방에게 도움을 요청하는 동시에 그와 이익을 공유하는 것이다.

❖ 부득이하게 상대방과의 친분에 도움을 요청해야 할 때도 신중해야 한다. 좋은 명성이든 나쁜 명성이든 인맥을 통해 퍼져나간다는 사실을 잊지 말라.

적을 만들지 않는 인간관계의 비밀

인맥관리의 주의 사항

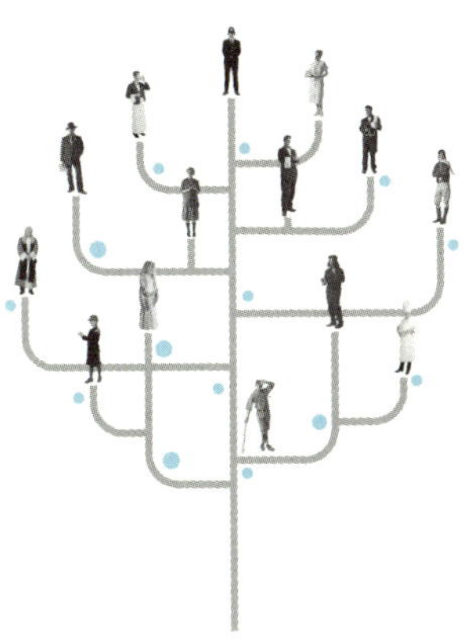

인맥을 관리하는 방법에 대해 이토록 많은 설명을 늘어놓으니 다소 얼떨떨한 기분도 들 것이다. 하지만 다음 몇 가지 원칙만 잘 지키면 수월하게 인맥을 관리할 수 있다. 중요한 것은, 사소한 부분까지 세심하게 주의하면서 사람들과 교류한다면 설사 왕래가 없던 사람들에게도 환영받는 존재가 될 수 있다는 점이다.

A. 직함을 떼면
당신은 보잘것없는 존재에 불과하다

회사의 직함은 일시적인 것에 불과하다. 설사 회사를 이끄는 회장이더라도 언젠가는 그 자리에서 내려와야 한다. 그러므로 높은 지위에서 권력을 휘두를 때도 항상 스스로를 일깨워야 한다. 지금 명함에 새겨진 당신의 직함을 떼어내면 다른 사람들이 당신을 어떻게 대할지, 변함없이 친분을 나누며 교류할 수 있을지를 염두에 두어라.

젊은 시절 유명 프랜차이즈 기업의 홍보 책임자가 된 친구가 있었다. 그는 음식 업계에서 상당히 좋은 직책으로 대우받고 있었다. 그래서인지 그 친구와 함께 레스토랑에서 외식을 할 때면 어김없이 지배인이 직접 나와 서빙을 하며 깍듯하게 대해줬다. 그뿐만 아니라 매번 레스토랑에서 무료로 식사를 제공하여 그 친구가 식사값을 지불하는 모습을 본 적이 없을 정도였다.

그 친구는 자신의 위풍당당한 위세가 영원히 유지될 것처럼 굴었다. 하지만 3년 전, 회사 고위층의 알력 때문에 그는 뜻밖에도 직책에서 물러나게 되었다. 홍보 책임자라는 직함이 사라지자 과거의 위세는 더 이상 누릴 수 없게 되었을 뿐만 아니라 이직도 재취직도 쉽지 않았다. 결국 그는 작은 노점상을 열어

야채죽을 팔고 있다.

이 친구의 사례를 보면서 나는 회사의 직함이 일시적인 것에 불과하다는 사실을 뼈저리게 느꼈다. 일단 회사에서 떠나면 일부러 당신을 멀리하지 않더라도 점차 공통의 화제나 혹은 인생의 목표가 달라지기 때문에 저절로 사이가 멀어지게 마련이다. 때문에 업무상 쌓은 친분은 사적으로 쌓은 우정과는 전혀 다르다는 사실을 명심해야 한다.

B. 인맥이 있다고 만사형통은 아니다

제아무리 꼼꼼하게 관리해도 사람과 사람 사이의 우정은 깨지기 쉽다. 사소한 실수에도 얇은 종잇장처럼 순식간에 찢기고 만다. 때문에 '누구누구가 내 친한 친구인데 이 정도는 도와주겠지……'라는 식의 기대감은 절대로 품지 말아야 한다. 아니 오히려 '내가 그 사람을 위해 무엇을 도울 수 있을까?'라는 생각을 해야 한다. 서로에게 이익이 되는 일을 항상 염두에 두는 태도만이 인맥을 오랫동안 유지하는 비결이다.

그러므로 처음부터 인맥에 의지하여 성공하고자 하는 마음을 버리고 자신의 실력부터 충분히 키워야 한다. 인맥은 그저 당신을 위해 기회의 문을 열어주거나 필요할 때 당신에게 힘을 보태주는 부차적인 것에 불과하다. 오로지 인맥이면 만사 오케이라는 생각을 갖는다면 당신의 인맥은 빠른 속도로 무너질 것이다. 동시에 인맥에만 기댄다는 나쁜 명성을 얻기 쉬우므로 반드시 주의해야 한다.

C. 인맥을 자랑하고 다니지 말라

"내가 누구누구랑 친하다니깐!"

"나는 누구누구를 잘 안다니까!"

이런 말을 입에 달고 사는 사람들이 있다. 하지만 정말로 능력이 좋은 사람은 절대 겉으로 드러내어 자랑하거나 위세를 떨지 않는다.

권력가나 사회 저명인사와 친분이 있다는 사실은 여기저기 떠벌리고 다닐 만한 자랑거리가 아니다. 당신이 난관에 부딪혔을 때 구원의 손길이 될 매우 소중한 당신의 인맥 재산이다. 그 소중한 재산을 걸핏하면 여기저기 자랑하고 다닌다면 자칫 잃어버리기 십상이다. 입장을 바꿔서 생각해보라. 누군가 당신의 이름을 대면서 여기저기 위세를 부리거나 이득을 얻으려고 한다면 기분 좋겠는가?

어느 연예인은 사람들 앞에서 자신의 인맥을 자랑하기를 즐겼다. 걸핏하면 한밤중에 친구에게 전화를 걸었다.

"지금 곧장 이곳으로 와줘. 내가 급한 일이 있거든."

친구가 급한 마음에 서둘러 달려가 보면 대개 친목 모임이나 파티를 벌이고 있기 일쑤였다. 그는 허겁지겁 달려온 친구를 주변 사람들에게 자랑하며 이렇게 말했다.

"이것 보라고! 내 말 맞지? 전화 한 통이면 한달음에 달려올 만큼 친하다니까!"

그런 일이 수차례 반복되면서 점차 친구들이 한둘씩 멀어지기 시작했다. 급기야 그 연예인에게 진짜로 큰일이 생겼을 때는 그 누구도 도와주지 않았다.

D. 용건이 있을 때만 찾아라

'무사부등삼보전(無事不登三寶殿)'이라는 중국 속담이 있다. 아무 일이 없으면 삼보전에 오르지 않는다는 뜻으로, 평소에는 왕래도 없다가 아쉬울 때만 찾아오는 이기적인 작태를 비꼬는 말이다. 그런데 인간관계에서는 다르다. 특별한 용건이 있을 때만 찾아가는 것이 옳다. 오랫동안 홍보 업계에서 일하면서 얻은 깨달음이다. 요즘 현대인들은 모두 바쁘게 살아가고 있다. 친한 친구와도 일주일에 한두 번 얼굴 보기조차 어려울 정도다. 그러므로 특별한 용건이 없는 이상 바쁜 사람을 붙들고 시간을 낭비하게 만들어서는 안 된다. 특히 상대방이 중요한 위치에 있을수록 더욱 삼가야 한다. 그렇지 않을 경우 서로의 친분관계에 금이 가기 쉽다.

가장 좋은 방법은 평소 인터넷 메신저나 페이스북 혹은 휴대전화 문자메시지를 통해 지속적으로 연락을 취하는 것이다. 이러한 방법은 상대방의 시간을 빼앗지 않으면서도 연락을 유지하기에 안성맞춤이다. 그리고 정말로 중요한 용건이 있을 때에만 직접 만나는 것이 영리한 교류방법이다.

E. 형식적인 안부는 피하라!
진심이 관계를 유지하는 왕도다

친분관계를 유지하는 방법은 간단하다. 게으름을 피우지 않으면 된다. 흔히 누구나 다하는 형식적인 인사로 관계를 유지하는 사람은 성의가 없다는 느낌을 준다. 심지어 그동안 친분을 쌓느라 들인 노력도 그 진정성을 의심받거나 아니면 헛수고로 돌아가기 쉽다.

그러므로 명절이나 크리스마스 같은 특별한 날에 카드, 연하장, 이메일, 문자메시지를 보낼 때는 천편일률적인 방법을 답습해서는 안 된다. 상대방의 이름을 직접 기재하여 당신이 그 사람을 중시하고 관심을 기울이고 있다는 느낌을 전달해야 한다.

선물을 보낼 때도 마찬가지다. 모든 사람이 똑같은 선물을 보낸다고 생각해보라. 받는 사람의 입장에서 특별히 유쾌하거나 기억할 만한 인상이 남을 리 없다. 상대방에게 좋은 인상을 주기는커녕 괜히 선물 사느라 돈 낭비만 하는 셈이 된다.

나는 주로 직접 쓴 편지로 상대방에게 나의 성의를 표시한다. 편지를 쓸 때는 먼저 심호흡을 한 뒤 상대방과 나의 관계를 곰곰이 뒤돌아본다. 그러고는 그에 대한 감사와 축하의 뜻을 한 글자 한 글자 정성스럽게 써나간다.

한번 생각해보라. 이메일이 생활화된 요즘, 직접 손으로 쓴 편지를 받으면 기분이 어떻겠는가? 아마 이 사람이 나를 특별하게 생각한다는 느낌을 받을 것이다. 휴대전화 문자메시지도 마찬가지다. 흔하디흔한 형식적인 문구 대신 관심과 정성을 담은 인사말을 보내면 상대방의 마음을 쉽게 감동시킬 수 있다.

그러므로 충고하건대, 상대방에 대한 진심 어린 관심과 축하를 담지 못할 바에는 처음부터 그러한 메시지를 보내지 않는 것이 낫다. 기왕 보낼 거라면 세심하고 자상한 관심을 담아 상대방에게 깊은 인상을 남겨라. 그래야 인맥을 더욱 공고히 다질 수 있다.

F. 함부로 호형호제하지 말라

얼핏 보면 사소한 일 같지만 이는 매우 중요하다. 특히 이제 막 알게 되었거나 그다지 친하지 않은 사람을 대할 때 더욱 그렇다. 대개 남성들의 경우 '형님'이라는 호칭은 크게 문제가 되지 않다. 하지만 여성의 경우 나이가 많든 적든 '언니' 혹은 '누님'이라는 호칭을 좋아하지 않는다. 그러므로 이러한 칭호는 가급적 사용하지 않는 것이 현명하다.

나도 그와 비슷한 경험이 있다. 언젠가 자동차를 구입하기 위해 대리점에 들렀는데, 판매 사원이 다짜고짜 이렇게 말하는 것이다.

"누님한테는 이런 모델의 자동차가 어울릴 것 같습니다."

순간 나는 불쾌감이 몰려와 즉시 매장을 박차고 나와버렸다.

그 밖에도 내 명함을 받아들자마자 "루비 누님"이라고 부르는 사람이 많다. 솔직히 말하면 그럴 때마다 불쾌한 기분이 들어서 상대방에 대한 인상마저 나빠진다.

가장 좋은 방법은 먼저 물어보는 것이다.

"실례지만 어떤 칭호를 사용해야 할까요?"

그러면 서로 말을 주고받는 기회도 그만큼 늘어나고, 상대방에게 불쾌감을 주는 실수도 피할 수 있다.

G. 첫 만남에서는 말이 적을수록 좋다

처음 만난 사람은 상대방에 대한 정보가 부족하기에 그 사람이 좋아하는 것이 무엇인지, 혹은 대화할 때 금기해야 할 것은 무엇인지를 알 수가 없다. 그렇기에 가장 현명한 방법은 말을 적게 하는 것이다. 이렇게 하면 첫째, 자신도 모르는 사이 상대방에게 말을 잘못해서 비호감을 사는 일을 피하는 동시에 자신의 단점이 드러나는 것을 막을 수 있다. 둘째, 상대방이 말을 많이 하게 만들어 그 사람에 대한 정보를 많이 얻어서 어떻게 대처해야 하는지 요령을 터득할 수 있다.

사실, 인간관계에서는 말을 많이 할수록 상대방에게 마음의 문을 열게 되는 심리가 있다. 그러므로 상대방이 말을 많이 할수록 당신과 친해질 수 있다. 즉, 말은 적게 하되 상대방이 많은 말을 하도록 만드는 것은 첫 만남에서 호감을 얻는 비결이다.

H. 허락 없이
함부로 친밀감을 표시하지 말라

대다수 사람은 말을 할 때 상대방과의 거리를 좁히고 신뢰감과 친밀감을 느끼려고 자신도 모르게 손을 잡거나 어깨를 두드리거나 심지어 포옹을 한다. 하지만 이러한 행위는 이제 막 알기 시작한 사람에게는 금기 사항이다.

이제 막 알게 된 사람이 지나치게 친밀감을 표시하면 거짓된 인상을 줄 수 있다. 또한 부적절한 신체적 접촉을 하면 상대방에게 불쾌감을 주어 오히려 경계심을 불러일으키기 쉽다. 단계적으로 자연스럽게 교류해야 호감을 높일 수 있다.

I. 상대방의 환심을 사기 위해 거짓말을 하지 말라

상당수 사람은 환심을 사기 위해 지나치게 상대방의 비위를 맞춘다. 그 사람의 생각이나 논점을 무조건 옳다고 하거나 상대방이 관심을 갖고 있는 분야에 자신도 관심이 있는 척 꾸미기도 한다. 그래야 쉽게 친분을 쌓고 인맥을 넓힐 수 있다고 여기기 때문이다. 하지만 내 생각은 정반대다. 그러한 태도는 인맥관리에서 금기다. 생각해보라. 당신이 잘 보여서 친분을 쌓고 싶은 사람은 대개 사회적으로 성공을 거두었거나 높은 지위에 있는 사람일 것이다. 이들은 그야말로 산전수전 다 겪은 고수라고 할 수 있다. 그런 사람이 어떻게 당신의 속마음을 꿰뚫어보지 못하겠는가? 환심을 사기 위한 태도가 들통 나는 순간 상대방에게 위선적이고 거짓된 인상을 심어주어 친분을 쌓기는커녕 가까이할 수조차 없게 된다. 그러므로 인맥관리에서는 모든 것을 진심과 성의를 다해야 한다.

사실, 사람과 사람 사이의 교류에서 그저 상대방에게 당신이 진심을 다해 열정적으로 대한다는 느낌만 주면 좋은 호감을 얻고 쉽게 친해질 수 있다. 가치관, 관점, 관심사가 같든 다르든 중요한 것은 진심이다. 진심을 다해 신뢰감을 쌓는 것이 인맥관리에서 가장 중요한 핵심이다.

J. 요령 있게 대화를 이끌되, 상대방의 프라이버시를 침범하지 말라

상대방에 대한 정보를 더 많이 알어내어 인맥 이력표를 만들고 싶다면 기교 있는 질문이 필요하다. 단도직입적인 물음으로 마치 경찰이 범인을 취조하는 분위기를 조성해서는 안 된다. 그보다는 간접적인 질문으로 상대방이 즐겁게 대답할 수 있도록 만드는 지혜를 발휘해야 한다. 자연스러운 질문의 비결을 잠깐 소개하면 다음과 같다.

결혼 여부에 대한 질문을 할 경우, 예컨대 상대방이 남성이었을 때 그의 결혼 여부를 알고 싶으면 먼저 칭찬을 하라.

"오, 이렇게 친절하고 자상한 걸 보면 분명 여자 친구가 많을 것 같은데요?"

이런 질문에 대부분의 남성은 "결혼 ×년차입니다"라고 대답할 것이다. 그럼 그 사람의 대답을 통해 결혼 여부나 혹은 여자 친구가 있는지 여부를 알 수 있다. 하지만 상대방이 여성일 경우에는 본인이 직접 밝히지 않는 이상은 굳이 묻지 않는 것이 좋다.

나이에 대한 질문을 할 경우, 현대 의학과 화장품의 발달로 요즘은 겉모습만으로는 상대방의 나이를 짐작하기 힘들 때가 많으므로 상대방의 가치관이나 관심사를 통해 연령대를 대충 짐작해본다. 가령, 대화할 때 좋아하는 가요나 가수 이름을 물어보라. 트로트를 좋아하는지 아니면 최신 가요를 좋아하는지 말이다. 혹은 서로 좋아하는 연예인에 대해 이야기를 나눠보아도 연령대를 쉽게 알 수 있다.

K. 전화를 먼저 끊지 말라

마지막으로, 겉으로 보기에는 하찮은 일이지만 매우 중시해야 할 점이 있다. 그것은 바로 전화 통화를 할 때 상대방이 끊기 전에는 절대로 먼저 끊어서는 안 된다는 점이다. 먼저 전화를 끊는 것은 예의가 없는 일일 뿐만 아니라 상대방에게 나쁜 인상을 심어준다. 또한 그 사람과의 대화가 재미없어서 서둘러 전화를 끊는다는 오해도 줄 수 있다.

그러므로 통화를 마칠 때는 상대방이 전화를 끊은 뒤에 끊어라. 그래야 불필요한 오해도 피할 수 있고, 상대방에게 좋은 인상도 심어줄 수 있다.

일곱 번째 노트 정리와 복습

❖ 누구에게나 금기시하는 단어나 대화 소재가 있다. 그러므로 매우 친숙한 친구 이외의 사람과 이야기할 때는 예의범절에 각별히 신경 써야 한다.

❖ 상대방의 환심을 사기 위해 자기가 싫어하는 일을 억지로 해서는 안 된다. 그것은 인맥을 쌓는 본래의 목적이 아니다.

❖ 상대방에게 도움을 주고 편의를 제공하는 동시에 그 사람의 도움을 통해 성취감을 얻는 원원전략이야말로 인맥을 활용하는 최고의 경지다.

적을 만들지 않는

인간관계의 비밀

초판 1쇄 인쇄 2013년 7월 5일
초판 1쇄 발행 2013년 7월 10일

지은이 | 루비 우쯔핑
옮긴이 | 하진이
펴낸이 | 전영화
펴낸곳 | 다연
주　소 | (121-854) 경기도 파주시 문발동 535-7 세종출판벤처타운 404호
전　화 | 070-8700-8767
팩　스 | (031) 814-8769
이메일 | dayeonbook@naver.com
ⓒ 다연

ISBN 978-89-92441-37-7(03320)

※ 잘못 만들어진 책은 구입처에서 교환 가능합니다.